国家安全知识
简明读本

GUOJIA ANQUANZHISHI
JIANMING DUBEN

国家安全知识简明读本

中国海疆问题

苏浩 任远喆等 著

国际文化出版公司

·北京·

图书在版编目（CIP）数据

中国海疆问题 / 苏浩，任远喆等著．－北京：国际文化
出版公司，2014.1
　（国家安全知识简明读本）
　ISBN 978-7-5125-0650-3

　Ⅰ.①中… Ⅱ.①苏… ②任… Ⅲ.①海疆－研究－中国
Ⅳ.①K928.19

中国版本图书馆CIP数据核字（2014）第012755号

国家安全知识简明读本·中国海疆问题

作　　者	苏　浩　任远喆等
责任编辑	宋亚晅
特约策划	马燕冰
统筹监制	葛宏峰　刘　毅　徐　峰
策划编辑	刘露芳
美术编辑	秦　宇
出版发行	国际文化出版公司
经　　销	国文润华文化传媒（北京）有限责任公司
印　　刷	河北锐文印刷有限公司
开　　本	700毫米×1000毫米　　　16开
	11.5印张　　　　　　155千字
版　　次	2014年9月第1版
	2018年12月第2次印刷
书　　号	ISBN 978-7-5125-0650-3
定　　价	36.00元

国际文化出版公司
北京朝阳区东土城路乙9号　　　邮编：100013
总编室：（010）64271551　　　传真：（010）64271578
销售热线：（010）64271187
传真：（010）64271187-800
E-mail：icpc@95777.sina.net
http://www.sinoread.com

目　录

出版说明

鉴于当前中国的海洋安全问题日益紧迫，对国家安全造成了巨大影响，政府和人民对海洋安全问题十分关注，作者集体撰写了本书。书中对中国的海洋国土进行了简要介绍，同时亦就目前十分引人关注的涉及中国海洋国土的传统安全问题进行简明而系统的说明。

本书是一项集体编写的成果。全书结构由中国外交学院外交学与外事管理系的苏浩教授设计，并以他的教学资料作为基础，再由其他年轻学者进行丰富和深化。具体的编写分工安排如下：第一章由苏浩教授撰写，其博士生陈彩云和梅秀庭帮助整理了第二节资料；第二章由中国国际问题研究所助理研究员张健博士和苏浩撰写；第三、四章由北京第二外国语学院法学院的肖洋博士和苏浩撰写；第五、六章由外交学院外交学与外事管理系的任远喆副教授和苏浩撰写。任远喆负责整理全书章节，苏浩最终审阅书稿。

作为学者，我们对中国的海疆所进行的介绍和分析是一种学术研究的成果，纯属个人观点，不代表所在单位的观点和立场。特此说明。

第一章　中国的海疆与东亚海洋安全秩序

　　中国地处亚洲的东部，太平洋的西部，是一个大陆国家，也是一个海洋国家。我们拥有广袤无垠的陆地，也拥有广阔深邃的海洋。中国政府和人民需要对自己的海疆拥有无可争辩的主权，保有合法管理和有效开发的权利。中国在保障的海洋权益的基础上，为建构一个稳定而安宁的东亚海洋安全秩序发挥积极作用。

第一节　认识中国海疆并确立海洋意识

中国人民自古以来就在大地上和海洋中生产生活。我们需要树立明确的海洋意识，认识到中国拥有一大片海洋国土，这里是中华民族生存繁衍的疆域。

一、中国海疆的基本情况

中国的海疆同样是中国的国土。所谓国土，是国家主权与主权权利管辖范围内的地域空间。狭义的国土指的是国家主权管辖下的领土、领海和领空的政治地域概念，包括国家的陆地、陆上水域、内水、领海以及它们的底土和上空。广义的国土还包括国家根据国际法的通行原则所拥有的一切地理资源，其中海上的专属经济区和海底的大陆架属于广义的海洋国土。总之，国土是一个国家在自然地理和人为地理基础之上，由各种自然要素和人文要素组成的物质实体，是国家社会经济发展的物质基础或资源、国民生存和从事各种合法的生产生活的活动场所或环境。

全世界海洋的总面积约为 3.6 亿平方千米，其中 200 海里以内专属经济区的面积近 1.3 亿平方千米，而公海的面积约为 2.3 亿平方千米。对于中国来说，中国拥有主权和管辖权的海域面积有 300 万平方千米，约合陆地面积的 1/3。而中国的海岸线北自辽宁省的鸭绿江口，南到广西壮族自治区的北仑河口，海岸线总长约 3.2 万千米，其中大陆海岸线 1.8 万千米，岛屿海岸线 1.4 万千米。大陆沿海从北到南有辽宁、河北、天津、山东、江苏、上海、浙江、福建、广东和广西共 8 个省份和两个直辖市，还有台湾和海南岛两个岛屿省份，即有十省两市涉及中国的海域。中国也是一个岛屿众多的国家。大小形状不一的岛屿星罗棋布分布于漫长的海岸线旁，有的岛屿甚至是深入到海洋深处。在中国的海域中，除了台湾、海南岛和香港及澳门所属的相关岛屿之外，中国面积大于 500 平方米的大小岛屿约有 7372 个。其中位列前十的大岛分别为：台湾岛、海南岛、上海市的崇明岛、浙江省的舟山岛、广东省的东海岛、福建省的海坛岛、辽宁省的长兴岛、福建省的东山岛、浙江省的玉环岛、香港的大屿山。有长住居民的约 450 个，共计面积达 8 万平方千米，约占中华人民共和国陆地总面积的 0.8%，是祖国领土的重要组成部分。

中国共有韩国、日本、菲律宾、文莱、马来西亚 4 个海上国土相接的邻国，有印度尼西亚、新加坡、柬埔寨、泰国 4 个隔海相望的邻国，还有朝鲜和越南两个陆海相接的国家。也就是说，共有 8 个海上邻国和两个陆海相接的国家。我们还不能忘记中国拥有从图们江入海口进出日本海的合法权利，而作为中国领土之外 15 千米的图们江出海口左右两岸的朝鲜和俄罗斯，也与中国在日本海的海洋利益密切相关。显然，中国有如此众多的海上邻国，这在世界上是罕见的。

然而，中国虽然"地大物博"，但却又"人口众多"。确实，中国的人均陆地面积仅为 0.1008 平方千米，远低于世界 0.13 平方千米的平均水平。中国用占世界 7% 的耕地面积养活了占世界 22% 的人口。中国大地承载得太多太多了。我们知道，海洋是人类生存的第二空间。随着科学技术的进步，海洋将成为解决中国水资源、能源、食物和其他可持续发展的必备的重要能源的新领域，同时，也是保障中国国家安全的重要屏障。

从面积上看，中国似乎是个海洋大国。我国的海岸线长度居世界第四，大陆面积为世界第五、200 海里专属经济区面积是世界第十。然而，中国却又是一个海洋小国。我国人均海洋面积仅排在世界第 122 位。更值得注意的是，自 20 世纪 70 年代以来，中国的海洋国土事实上在缩小。中国的海洋国土的管理有些仅停留在"自古以来"的观念上，没能进行及时有效的战略上的控制管理和经济上的开发利用。

但令人遗憾的是，由于历史和现实的复杂原因，在属于我国 300 万平方千米的海洋，近一半存在争议，海域被分割，岛礁被占领，资源被掠夺的情况较普遍。我国的大部分海洋邻国，对我海洋国土和权益均提出不同程度的无理要求，总面积约达150多万平方千米海域，而其中相当一部分甚至已被非法划入它们的版图。中国所拥有的岛礁中还有一些被其他国家某种程度地控制和占据。

二、中国的四大海洋国土

中国东部是一片广阔的海洋，属于太平洋的西部，或者说是西太平洋的一部分。这里分布着4个大的海域，分别是渤海、黄海、东海和南海，是中国人民自古的生存空间。

渤海：渤海是中国的内海。它一面临海，三面环陆，在辽宁、河北、山东、天津三省一市之间。渤海东面经渤海海峡与黄海相通，辽东半岛的老铁山与山东半岛北岸的蓬莱角间的连线即为渤海与黄海的分界线。辽东半岛和山东半岛犹如伸出的双臂将其合抱，构成首都北京的海上门户。放眼眺望，渤海形如一个东北向西南微倾的葫芦，侧卧于华北大地，其底部两侧即为莱州湾和渤海湾，顶部为辽东湾。渤海总面积是7.7万平方千米，平均深度是18米，最深处为88米，渤海海峡口宽59海里，有30多个岛屿，其中较大的有南长山岛、砣矶岛、钦岛和皇城岛等，总称庙岛群岛或庙岛列岛。渤海由北部辽东湾、西部渤海湾、南部莱州湾、中央浅海盆地和渤海海峡5部分组成。需要强调的是，渤海是中国的内水或内海，中国对整个海域享有完全的主权，其地位等同于陆地上的领土。

黄海：黄海是太平洋西部的一个陆架海，位于中国与朝鲜半岛之间，北面和西面濒临中国，东邻朝鲜半岛。具体说来，其北岸为我国辽宁省，西岸为我国的山东省和江苏省，东岸为朝鲜和韩国。南部与东海相连。黄海总面积约是38万平方千米，平均水深44米，最深处为140米，海底平缓，为东亚大陆架的一部分。中国的主要河流，如淮河、碧流河、鸭绿江及朝鲜半岛的汉江、大同江、清川江等注入黄海，因河水携带泥沙过多，使近海水呈黄色而得名。主要沿海城市有大连、丹东、天津、首尔、青岛、烟台、连云港等。在黄海南部，东起韩国济州岛，西至中国长江口一线是黄海和东海的分界线。在黄海北部，中国威海与大连连线为黄海与中国渤海的分界线。主要海湾有西朝鲜湾和中国的海洲湾、胶洲湾，并由济州海峡经朝鲜海峡、对马海峡与日本海相通，经渤海海峡与渤海相通。黄海东部和西部岸线曲折、岛屿众多。山东半岛为港湾式沙质海岸，江苏北部沿岸则为粉砂淤泥质海岸。主要岛屿有长山列岛以及朝鲜半岛西岸的一些岛。在黄海，我国与朝鲜和韩国存在着 18 万平方千米的争议海区。

东海：亦称东中国海，位于中国大陆与九州岛、琉球群岛和台湾岛之间的西太平洋边缘海（或称陆缘海），是中国的三大边缘海之一，是中国岛屿最多的海域。东海是指中国东部长江的长江口外的大片海域，南接台湾海峡，北临黄海（以长江口北侧与韩国济州岛的连线为界），东临太平洋，以琉球群岛为界。西邻浙江省、福建省、上海市，西北与黄海相通，东北与朝鲜海峡分野，东靠日本九州岛、琉球群岛及我国台湾、与太平洋相通，南部与南海相通。东海的海湾以杭州湾最大，流入东海的河流有长江、钱塘江、闽江及浊水溪等。中国沿海岛屿约有 60% 分布在该区，主要有台湾岛、舟山群岛、澎湖群岛、钓鱼岛及其附属岛屿等。东海东部边缘上的琉球群岛一带岛屿更多。大陆流入东海的江河，长度超过百千米的河流有40 多条，其中长江、钱塘江、瓯江、闽江等四大水系是注入东海的主要江河。与渤海和黄海相比，东海有较高的水温和较大的盐度，潮差 6~8 米，水呈蓝色。又因东海属于亚热带和温带气候，利于浮游生物的繁殖和生长，是各种鱼虾繁殖和栖息的良好场所，也是中国海洋生产力最高的海域。在东海，我国固有领土钓鱼列岛曾被日本长期非法控制；按日本的无理要求，日本与我国有 16 万平方千米的争议地区。

南海：南海又称南中国海，中国汉代、南北朝时称为涨海、沸海。清代以后逐渐改称南海。是位于中国大陆南部与菲律宾群岛、加里曼丹岛、苏门答腊岛、马来半岛和中南半岛之间的太平洋边缘海。为西太平洋的一部分，被中国大陆、台湾本岛、菲律宾群岛、马来群岛及中印半岛所环绕。具体来说，南海东邻广东省、广西省，西部沿岸有越南、柬埔寨、泰国、马来西亚、新加坡，南部有印尼的苏门答腊岛、勿里洞岛，印尼、文莱、马来西亚的加里曼丹岛、菲律宾的巴拉望岛，东部有我国的台湾岛和菲律宾的吕宋岛。南海海域面积为356万平方千米，约等于我国的渤海、黄海和东海总面积的3倍，仅次于南太平洋的珊瑚海和印度洋的阿拉伯海，居世界第三位。其中有超过200个无人居住的岛屿和岩礁，这些岛礁被合称为南海诸岛。除了是主要的海上运输航线外，南海还蕴藏着丰富的石油和天然气。南海海域牵涉到许多国家的利益，是一个非常敏感的地区。在南海，我海洋权益受到的侵犯更加严重。从权威的海洋研究机构获取的数字是：有大约120万平方千米的海洋国土处于争议中。

三、确立海洋意识

一问起中国的领土面积，人们就会毫不犹豫地回答：960万平方千米。这是中华民族的儿女世世代代生于斯长于斯的土地。千百年来，中国人"日出而作，日落而息""脸朝黄土背朝天"，辛勤的劳作创造出了灿烂辉煌的中华文明。远走异国他乡的华夏子孙总要捧一把黄土带在身边，以寄托对祖国的眷念之情。地大物博的这960万平方千米土地，曾激起了无数中国人的自豪感。这一切形成了中华民族的一个根深蒂固的传统观念，离开了这片黄土地，就将一无所有。黄河、黄土高坡、黄皮肤、黄色为贵，这就是中国人的"黄土地意识"。然而，谈到国土，人们往往会忽略了中国还有约300万平方千米的海疆。

长期以来，中华民族缺乏一种从全面整体运筹海洋的意识。由于中国传统的大陆文明和农耕文化的长期影响，使得中国人习惯于在自给自足的小农经济的社会结构中生存，眼睛只注视着脚下的那块土地，而对那片大海却很少投去专注探寻的目光。尽管中国历史上有过徐福浮海、鉴真东渡和郑和七下西洋等壮举，但也只是彗星划空，倏忽而过，对中国社会经济的发展并未留下印迹。虽也知道大海可"光渔盐之利，通舟楫之便"的道理，但并未将它放在国家发展的战略高度。孔夫子云："道不行，乘桴浮于海。"古语云：望洋兴叹。唐诗宋词几乎无咏吟海洋的作品。毛主席《沁园春·雪》："惜秦皇汉武，略输文采，唐宗宋祖，稍逊风骚，一代天骄，成吉思汗，只识弯弓射大雕。"古代中国人对海洋往往无能为力，无可奈何，无所作为。明清王朝的闭关自守，及其禁海限船，使中国面对滚滚而来的世界近代化潮流，无动于衷，错过了近代世界历史发展的第一个潮头，终于使自己落后于时代而处于被动挨打的境地。从鸦片战争到中法战争，从甲午海战到八国联军，这片蔚蓝色的大海成了殖民主义和帝国主义侵略中国的便利通道。由于长期遭受殖民主义和帝国主义穷凶极恶的压迫和掠夺，中国人民贫穷落后，自身难保，无法在海洋上探索和拓展。1949年中国人民在中国共产党的领导下推翻了压在头上的三座大山，终于站起来了，新中国屹立于世界的东方，成了世界战略力量对比中不可忽视的一支力量。但是，冷战框架下的帝国主义的封锁，反帝反修反对各国反动派的政治斗争需要，人们更多的是在"深挖洞，广积粮"，没有想到也没有能力去利用和开发海洋。

当代中国，无论是政府和人民，都需要形成一种海洋意识，树立一个明确的海洋观念。在海洋意识里面有一个居于最高层次的海洋战略意识，起着关键和决定性的作用。历史上的中国缺乏这样意识，是全部问题的症结所在。[1] 因此，一些有识之士，只好望洋兴叹！封闭＝落后！这是中国历史留给人们的一个沉重的公式。常言道："向海而兴，背海必衰；禁海几亡，开海则强。"所谓海洋观念，或是海洋意识，应该具备以下一些内涵。

（一）海洋国土观

在考虑国土建设和国土防卫时，要自觉地把海洋国土和陆地国土合而结合考虑。海洋是国土。"海域属于国家所有，国务院代表国家行使海

---

[1] 潘石英：《现代战略思考：冷战后的战略理论》，世界知识出版社1993年版，第230页。

域所有权。"[1]中国的国土，不仅包括960万平方千米的陆地，还包括12海里领海、外延12海里的毗连区和200海里专属经济区，即总面积约有300万平方千米的海洋国土。海洋是人类生存的第二空间（人类生存的第一空间是陆地，第三空间是太空），海洋是人类新的生产和生活空间。

（二）海洋资源观

中国的海洋国土拥有种类繁多而储量巨大的资源，是生命的源泉，是资源的宝藏。它因而被人们称为"天然的鱼仓""矿产的宝库""蓝色的煤海""盐类的故乡""能量的源泉""娱乐的胜地""世界交往的平台"。中华民族的发展与繁荣，有赖于科学合理地利用和开发丰富的海洋资源。此外，在世界范围内，除了国家管辖海域之外，还有一个国际公共海域（公海）和国际海底区域，面积约为2.517亿平方千米，约占地球表面的49%。根据联合国海洋法公约的规定，这一区域及其蕴藏的丰富资源是全人类共同继承的财产，由国际海底管理局代表全人类进行管理。我们要把海洋资源与民族利益紧密联系起来。

（三）海洋权益观

海洋权益是指国家在海洋所拥有的主权、权利和利益。国家对海疆的拥有体现在对领海领空的主权的维护和对专属经济区和大陆架的权利的实现。此外，根据通行的国际法原则和"联合国海洋法公约"的规定，中国与任何国家一样，享有在国际通道和公海进行通航的权利，也拥有在国际公共海域进行渔业活动的权利，以及在国际海底区域内被赋予的矿产资源考察和开发的权利。随着中国"走出去"战略的实施，国家海外利益在逐渐拓展，中国在自己的海疆和国际公共海域的经济利益越来越广泛。我们应该更好地保障国家海洋权益，为建设繁荣富强的国家奠定良好的海洋基础。

（四）海洋防卫观

近代的中国有海无防，西方列强通过海洋对中国发动了一次次侵略战

---

[1]《中华人民共和国海域使用管理法》（2001年10月27日第九届全国人民代表大会常务委员会第二十四次会议通过）。

争，使中国人民受尽了苦难。今天我们必须认识到海洋防卫是国防的最重要的内容。我们不仅要防止外敌从海上侵略国家本土，确保国家领土的统一和完整；还要保障国家的领海、内海、专属经济区和大陆架，绝不能遭受侵犯和损害；随着中国海外利益的越来越丰富，还要保证中国的海上交通线的通畅，保护中国海外公民的生命财产的安全。为此，中国需要建立强大的海上军事力量和执法力量。即在海防线上建立起立体的近岸防卫体系，更需要在中国的专属经济区内形成强大的近海海洋防卫力量，也需在远洋公海拥有保卫国家安全与利益的蓝色海军。所以，我们需要认识到，海洋防卫不仅限于国家管辖的海洋国土，它可以延伸到远洋公海的辽阔空间。

第二节　中国对海洋国土的法律管理

海洋国土是国家的神圣领土，我国是海洋大国，为加强对海洋权益的保护，中国政府做了不懈努力，中国对海洋国土的有效管理突出体现在司法的管理上，中华人民共和国建立以来，逐步建立了一整套对海洋国土的法律管理体系。

一、中国的海洋国土管理

新中国成立以来，中国政府出台了一系列法律法规，加强对海洋国土的有效管理。

1958 年 9 月 4 日，中国政府出台了《中华人民共和国关于领海的声明》，该声明规定我国的领海宽度为 12 海里，所谓领海 (territorial sea) 是指沿海国家主权管辖之内的邻接其陆地及内水的一带海域。这项规定适用于中华人民共和国的一切领土，包括中国大陆及其沿海岛屿，和同大陆及其沿海岛屿隔有公海的台湾及其周围各岛、澎湖列岛、东沙群岛、西沙群岛、中沙群岛、南沙群岛以及其他属于中国的岛屿。

1992 年 2 月 25 日通过的《中华人民共和国领海及毗连区法》对中华人民共和国的领海、内水以及毗连区做了详细的规定。领海基点是划定领海的起始点，中华人民共和国领海为邻接中华人民共和国陆地领土和内水的一带海域；内水 (internal waters) 是指一国领海基线以内的水域，中华人民共和国领海基线向陆地一侧的水域为中华人民共和国的内水；毗连区 (contiguous zone) 是指沿海国邻接领海并在领海之外设立的一定宽度的专门管辖海域，中华人民共和国毗连区为领海以外邻接领海的一带海域，毗连区的宽度为 12 海里。领海基线 (baseline of territorial sea) 是由一系列基点连成的线，是测算内水、领海、毗邻区、专属经济区和大陆架的基线，有正常基线、直线基线和混合基线 3 种，1996 年 5 月 15 日，中华人民共和国政府宣布了中华人民共和国大陆领海的部分基线和西沙群岛的领海基线。2012 年 9 月 12 日，为加强我国领海基点保护，维护国家海洋权益，国家海洋局印发了《领海基点保护范围选划与保护办法》，明确了对钓鱼岛及其附属岛屿的领海基点的保护。

为保障中华人民共和国对专属经济区和大陆架行使主权权利和管辖权，维护国家海洋权益，中国政府于 1998 年 6 月 26 日制定了《中华人民共和国专属经济区和大陆架法》。所谓专属经济区 (exclusive economic zone) 是指沿海国或群岛国领海以外并邻接毗连区的区域，宽度从领海基线算起不超过 200 海里。根据《联合国海洋法公约》第 76 条，大陆架是领海以外陆地领土的全部自然延伸，扩展到大陆边外缘的海底区域的海床和底土，大陆边包括沿海国陆块没入水中的延伸部分，由陆架、陆坡和陆基的海床构成。专属经济区和大陆架只拥有经济（资源）主权，外国船只可以在不影响沿岸国家的国家安全、不非法获取区内资源（如打渔）的条件下，无害通过。而领海与内水，沿海国家拥有全部主权。根据《中华人民共和国专属经济区和大陆架法》的规定，中华人民共和国与海岸相邻或者相向国家关于专属经济区和大陆架的主张重叠的，在国际法的基础上按照公平原则以协议划定界限；中华人民共和国拥有授权和管理为一切目的在大陆架上进行钻探的专属权利；中华人民共和国对在专属经济区和大陆架违反中华人民共和国法律、法规的行为，有权采取必要措施，依法追究法律责任，并可以行使紧追权。

海域是海洋国土不可分割的组成部分，为了加强海域使用管理，维护国家海域所有权和海域使用权的合法权益，促进海域的合理开发和可持续利用，中国政府于 2001 年 10 月 27 日制定了《中华人民共和国海域使用管理法》。根据该法规定，海域属于国家所有，国务院代表国家行使海域所有权。该法对海洋功能区划、海域使用的申请与审批、海域使用权、海域使用金、监督检查、法律责任等做了明确的规定。

海岛是国家海洋国土的重要组成部分。为保护海岛及其周边海域生态系统，合理开发利用海岛自然资源，维护国家海洋权益，促进经济社会可持续发展，中国政府于 2009 年 12 月 26 日制定了《中华人民共和国海岛保护法》，根据该法规定，国家对海岛实行科学规划、保护优先、合理开发、永续利用的原则。2012 年 4 月 19 日中国政府正式公布实施《全国海岛保护规划》。该《规划》依据海岛分布的紧密性、生态功能的相关性、属地管理的便捷性，结合国家及地方发展的区划与规划，立足海岛保护工作的需要，注重区内的统一性和区间的差异性，将中国海岛分为黄渤海区、东海区、南海区和港澳台区等 4 个一级区进行保护。

二、中国的海洋经济开发管理

地球大部分的面积是海洋，海洋中蕴藏着丰富的资源，当今全球粮食、资源、能源供应紧张与人口迅速增长的矛盾日益突出，海洋资源受到各国的普遍重视。在海洋经济开发管理方面，中国政府做了大量的工作。

为了维护国家的主权和利益，加强海关监督管理，促进对外经济贸易和科技文化交往，保障社会主义现代化建设，中国政府于 1987 年 1 月 22 日制定了《中华人民共和国海关法》，并于 2000 年 7 月 8 日对该法进行了修订。根据该法规定，中华人民共和国海关是国家的进出关境监督管理机关，全国海关由海关总署统一管理。该法对进出境运输工具、进出境货物、进出境物品、关税、海关事务担保、执法监督和法律责任等做了明确的规定。

为了调整海上运输关系、船舶关系，维护当事人各方的合法权益，促进海上运输和经济贸易的发展，中国政府于 1992 年 11 月 7 日制定了《中华人民共和国海商法》，该法对海上运输、船舶、船员、海上货物运输合同、海上旅客运输合同、船舶租用合同、海上拖航合同、船舶碰撞、海难救助、共同海损、海事赔偿责任限制、海上保险合同、时效、涉外关系的法律适用等做了明确的规定。

促进海洋经济的可持续发展离不开对海岛实施有效的管理和保护。中国政府于 2009 年 12 月 26 日制定了《中华人民共和国海岛保护法》，该法规定国务院和沿海地方各级人民政府应当将海岛保护和合理开发利用纳入国民经济和社会发展规划，采取有效措施，加强对海岛的保护和管理，防止海岛及其周边海域生态系统遭受破坏。2009 年 12 月 31 日，国务院出台意见推进海南国际旅游岛建设，提出充分发挥海南的区位和资源优势，建设海南国际旅游岛，打造有国际竞争力的旅游胜地。

中国政府于 2012 年 4 月 19 日公布的《全国海岛保护规划》明确了海岛分类、分区保护的具体要求，确定了海岛资源和生态调查评估、领海基点海岛保护、海岛生态修复等 10 项重点工程，并在组织领导、法制建设、能力建设、公众参与、工程管理和资金保障方面提出了具体保障措施，《规划》提出，到 2020 年，实现海岛生态保护显著加强、海岛开发秩序逐步规范、海岛人居环境明显改善、特殊用途海岛保护力度增强。

三、中国的海洋交通管理

一方面，为了加强海上交通管理，保障船舶、设施和人民财产的安全，维护国家权益，中国政府于 1983 年 9 月 2 日制定了《中华人民共和国海上交通安全法》。根据该法规定，该法适用于在中华人民共和国沿海水域航行、停泊和作业的一切船舶、设施和人员以及船舶、设施的所有人、经营人。该法对船舶检验和登记，船舶、设施上的人员，航行、停泊和作业，安全保障，危险货物运输，海难救助，打捞清除，交通事故的调查处理，法律责任，特别规定等做了明确的规定。

在明确海洋交通管理的同时，中国政府也对海域使用管理进行了法律上的规定。2001 年 10 月 27 日，中国政府制定了《中华人民共和国海域使用管理法》，根据该法规定，该法中的海域是指中华人民共和国内水、领海的水面、水体、海床和底土。该法对与海域使用管理相关的海洋功能区划、海域使用的申请与审批、海域使用权、海域使用金等做了明确的规定，有效地加强了中国政府对海域使用的管理。

另一方面，为了加强渡口渡船安全管理，维护渡运秩序，保障人民群众生命、财产安全，中国政府于 2012 年 5 月 21 日制定了《中华人民共和国渡口渡船安全管理规定》（征求意见稿）。这项规定适用于中华人民共和国管辖水域的渡口、渡船、渡船船员、乘客及与渡运安全相关的行为，并指出渡口渡船安全管理遵循预防为主、综合治理的原则。该规定对渡口、渡船、渡船船员、渡运安全、法律责任等做了明确的规定。

四、中国的海洋安全管理

加强对海洋安全的管理对于维护国家安全、保护国家海洋权益具有重要的意义。中国政府对海洋安全的管理，集中体现在中国政府授权海关在毗连区依法行使管制权和紧追权、对《专属经济区渔政巡航管理规定》的修订等两个方面。

1993 年 3 月 18 日，国务院对海关总署提出的《关于授权海关在毗连区内对走私行为行使管制权和对走私船舶行使紧追权的请示》进行了批复。国务院在批复中指出，海关执行缉私任务的船舶可以在海上对违反中华人民共和国有关海关管理的法律、法规规定的船舶依法行使紧追权，海关行使紧追权，应当严格依照法律规定和国际惯例执行。中国海关在毗连区内依法行使紧追权，有效地保护了国家海洋权益，增强了对海洋安全的管理。

为规范和加强我国专属经济区渔政巡航管理，有效实施双边渔业协定，维护专属经济区的正常渔业生产秩序，进一步提高专属经济区渔政巡航管理水平，中国国家渔政局于 2005 年 11 月 14 日对《专属经济区渔政巡航管理规定》进行了修订和完善。该规定明确指出，专属经济区渔政巡航，是指我国渔政执法机构根据国家有关法律法规规定，派出渔政船对在我国专属经济区从事渔业生产和生物资源调查等渔业活动的我国和外国船舶、人员，依法实施监督检查和行政处罚的执法行为。该管理规定对专属经济区渔政巡航的主要任务、承担巡航任务的渔政船应符合的条件、事故处理、法律责任等做了明确的规定。

五、中国的海洋环境管理

随着经济的不断发展，人类越来越重视海洋环境保护和海洋生态平衡。海洋经济是国家经济发展的重要组成部分，海洋经济的可持续发展有赖于海洋环境的有效管理。为了保护和改善海洋环境，保护海洋资源，防治污染损害，维护生态平衡，保障人体健康，促进经济和社会的可持续发展，中国政府于 1982 年 8 月 23 日制定了《中华人民共和国海洋环境保护法》，该法适用于中华人民共和国内水、领海、毗连区、专属经济区、大陆架以及中华人民共和国管辖的其他海域，并对海洋环境监督管理、海洋生态保护、防治各类污染损害、法律责任等做了明确的规定。

应该说中国政府和立法机构为海洋管理制定了相对完备的法律体系，但这些法律基本上聚焦于特定的领域。而日本和越南等一些中国的海上邻国已经颁布了能够统括整个海洋事务的海洋基本法。中国也需要一份能够对海洋事务进行综合管理和超越一般海洋法律的基本原则进行高度概括和规范的基本海洋法文件，相信在不远的将来，中国将会出台一部既与《联合国海洋法公约》现代精神相符，又符合目前中国国情的中国海洋基本法。

第三节　东亚海洋安全秩序

中国的海疆是东亚海洋的最主要部分。然而，自近代以来东亚海洋基本上处于西方国家的主宰之下，"二战"结束后东亚海洋被纳入到所谓"美国治下的和平"构架中，甚至在冷战结束以来的今天，美国仍然试图通过主导东亚海洋秩序的建立，从而为"美国的太平洋世纪"奠定基础。因此，维护中国海疆的和平与安宁，我们需要一个由东亚国家主导的东亚海洋秩序。当前，东亚区域的海洋安全秩序的建构已经成为国际安全领域的一个热点问题。自近代以来，东亚海洋安全秩序基本上是由西方域外国家主导的。随着东亚区域一体化进程的开展以及中国的和平发展，包括中国在内的东亚国家要求改变那种由西方国家主导的不合理不公正的海洋安全秩序，需要一种适合于自身需求的海洋安全秩序。

一、东亚海洋安全秩序的基础

认识东亚区域的海洋安全秩序，需要对海洋安全秩序有个客观的认识和界定。同时，应该客观地看看海洋安全秩序建构的基础，理性地判断决定海洋安全秩序建构的因素，从而分析出一种公正合理的海洋安全秩序。

首先，我们可以讨论一下海洋安全秩序的本源。为此，需要明确海洋安全秩序的定义。所谓海洋安全秩序，是指国际行为主体有效地管理和使用海洋而形成的一种规范和制度。这种规范和制度要符合海洋使用国家的利益和国际社会的整体利益。同时，也是海洋使用国家所建构的权力结构的真实而合理的体现。在国际社会中国际行为主体更多由国家来体现，故国家，特别是大国对海洋的利用和管理往往对海洋安全秩序的形成具有决定性作用。此外，国际机制对海洋安全秩序的形成有着越来越重要的影响，特别是国际法律体系往往能够规范海洋安全秩序，并使之制度化。

在考察海洋安全秩序的建构时，我们需要认识形成这种海洋安全秩序的基础。只有对建构海洋安全秩序的基础进行客观而理性的分析，我们才能更好地为建构合理的海洋安全秩序做出良好的设计。那么，海洋安全秩序的客观因素有哪些呢？笔者认为至少有以下几个方面。

第一，现实地缘基础。特定的地缘环境对海洋安全秩序的建构将是一个客观的现实基础。世界上的国家都是分布在地球的特定地理位置之上的，其中有处于海洋中的岛屿国家、有陆海相兼的国家和内陆国家三种类型。海岛国家属于海洋性国家，其对海洋的依赖程度是最深的，如日本、英国等。陆海相兼的国家较为多样化，有两洋国家，如美国、澳大利亚等；半岛国家，如朝鲜半岛的南北方；也有拥有漫长海岸线的大陆性国家，如俄罗斯、法国、中国、印度等。内陆国家则没有海岸线而为大陆所完全封闭。此外，人文和经济地理状况对国家与海洋的关系有着直接的影响，因为国家中的人口数量、产业结构和对外贸易对海洋的依赖程度也会决定这个国家与海洋的关系的密切程度。

第二，地区权力基础。全球海洋安全秩序是由国际社会中的权力结构来决定的。特定区域内的海洋安全秩序应由区域内国家间关系来决定，而区域内国家间的权力结构将决定区域内国家间关系的样式和性质。如果区域海洋安全秩序没有反映现实区域内的权力结构，则这种秩序将因其缺乏合理性和合法性而失去稳定。

第三，海权—陆权平衡基础。地球上的任何区域都存在着海洋与陆地的关系问题。尽管传统地缘政治学强调海权与陆权的对立与冲突，并自近代以来由此而造成了一系列的国家间的冲突和战争。但在冷战结束后的今天，在区域合作一体化进程的大背景下，这种海权与陆权对立的结构已经不适合于解释区域内国家间的协调与合作的关系。中国学者在讨论东亚区域合作时，十分强调"海陆和合"的新型地缘政治理论。[1] 即区域内的海洋性国家和大陆性国家经济与安全的相互依存，使得它们都拥有合理利用和开发海洋的权利，并在互惠互利基础上实现相互关系的协调。

第四，全球海权与区域海权协调基础。自近代以来，主导国际秩序的霸权国家往往能够控制世界的海洋，并将全球海洋安全作为自己的安全利益来看待。但是，全球性霸权国家与区域性大国间的海洋安全利益是有差异的。全球性霸权国家应尊重区域性国家的海洋安全利益，区域性大国则应理解全球性霸权国家对海洋安全的需求。如果两者间的关系和利益得到合适的协调，则区域性海洋安全秩序就能够得到较好的协调，否则两者处于对立状态的话，则必然产生冲突。当前国际社会发展的两大趋势，即国际关系全球化和区域合作一体化，决定了全球性霸权国家和区域性大国间的终极利益是可以相互协调和共享的。

第五，国际制度与法律基础。冷战结束后国际关系的一个显著特点是全球性和区域性国际机制加强了国家间的协调与合作，而且国家往往以国际规范和法律来规制自己的行为。其中，《联合国宪章》已经成为国际社会接受程度最广泛的原则，而联合国和其他各种区域性组织对维护包括海洋安全在内的国际和区域安全发挥着十分重要的作用。而自近代以来通行的国际法原则、1994 年正式生效的"联合国海洋法"和其他国际组织的成员国所达成的协议，往往成为维护海洋安全秩序的重要基础。

总之，西方的学者也曾经认为，"海域和大洋不仅是生活和经济活动的空间，不仅是维持世界经济活力的水上通道，不仅是食品、原料和能源的供应地，而反之也是上述所有领域的巨大威胁源。"因此，海上安全地自由航行和平开发海洋资源，更重要的是区域内国家和居民的整合。[2] 如果上述各要素能够得到很好的体现，不同层次的海洋利益能够得到协调，各国的海洋权益能够得到较好的尊重和实现，区域性海洋安全秩序将可以

[1] 刘江永：《地缘战略需要海陆和合论》，《学习时报》，2006 年 4 月 24 日。

[2] M.H.Nordquist,R.Wolfrum,ed.,Legal Challengesin Maritime Security,Vol.12,Brill Academic Publishers,2008：82.

在公正合理的基础之上建构起来。上述基础是合理而理想化的状态，是人类和区域内国家追求的长远目标。

鉴于此，一种公正合理的海洋安全秩序应该具有以下几个方面的内涵：1.客观性，即应符合客观地理环境，由区域内的国家来决定区域内的海洋安全秩序；2.合理性，由于海权国家和陆权国家都拥有合理利用海洋的权利，海洋安全秩序的建立应合理地体现这两类国家的利益；3.平衡性，即全球性强国和区域性强国的地位和作用应得到均衡的体现，而非霸权与强权政治式的秩序；4.合法性，自近代以来所通行的国际法原则、联合国海洋法这一重要的法律文件、以及国家间达成的具有示范意义的双边和多边海洋事务的协议，都是建构海洋安全秩序的基础；5.制度性，全球性和区域性多边国际合作机制是建构基础；它应该具有稳定性，由于区域内国家的海洋权益得到制度性的保障，因而海洋治理框架将能够得到长期的维持。

然而，现实东亚海洋安全秩序并不如人意。由于一些国家在过去不合理的国际秩序中获得的巨大的利益，特别是作为唯一超级大国的美国试图维持其自私的海洋霸权利益。这种殖民扩张、强权政治和霸权主义行为基础上所建构的海洋安全秩序，在东亚区域显得十分突出。为此，作为负责任的新兴大国，中国希望区域内海洋利益相关国家共同努力，改变这种不合理的海洋安全秩序。[1]

2005年9月，中国国家主席胡锦涛在纪念联合国成立60周年纪念大会上明确提出了"和谐世界"的概念，并在2006年11月亚太经合组织首脑会议上进一步提出建构"和谐亚太"的主张。中国政府在提出"和谐世界"的概念基础上，在2009年中华人民共和国建国60周年的海军检阅时明确提出了"和谐海洋"的概念。所谓"和谐海洋"，其内涵是强调海洋国家间在相互尊重与理解、相互协调与合作、追求互利共赢的基础上，形成一个和谐的海洋安全秩序。中国外交部副部长在"第33届世界海洋和平大

---

[1] 鞠海龙：《中国海上地缘安全论》，中国环境科学出版社2004年版。

会暨海委会 50 周年庆典"上指出，中国一直主张建立和谐海洋安全秩序，和谐海洋安全秩序也是以联合国海洋法公约为基础的秩序，是沿海国与非沿海国和谐相处的秩序，是人类与自然和谐相处的秩序。海洋要造福于人类，人类要爱护海洋。[1]

　　从中国的角度看，和谐的海洋安全秩序应该有以下一些特点。首先，是和平性而非军事性。即强调要维持海洋的和平稳定秩序，以和平的方式解决国家间所存在的海洋争端。外交谈判是解决问题的有效途径，军事威胁和武力手段将破坏海洋和平与合作的气氛，是非理性的选择。其次，是协调性而非矛盾性。尽管目前世界各国强调开发利用海洋，维护海洋权益，由此而导致一些海洋问题难以获得解决，特别是一些海洋领土争端和海域划分问题，一时难以解决。中国认为尽管存在分歧，但在国际关系全球化和区域合作一体化的大背景下，各国应相互尊重对方的安全关切和利益，以互谅互让的精神协调相互间在海洋事务中的关系。再次，是合作性而非对抗性。中国提出"搁置争议，共同开发"的主张以应对所存在的海洋争端，国家间在海洋事务上相互协调的基础上，提升海洋的合作水平，以合作之海淹没所存在的争端。最后，是共赢性而非零和性。只有维护海洋和平与安全才能实现区域内国家间的协调与合作，这是所有国家的共同利益所在。因此，通过互谅互让、促进合作和共同开发，可以实现双赢的局面。[2]

　　东亚区域的公正而合理的海洋安全秩序的建构，是建立东亚和谐海洋的前提和基础。东亚国家有责任和义务来共同建构和维护东亚区域的海洋安全秩序，而区域外的国家则应该发挥积极而建设性的作用，而不应该挑动东亚国家间的对立与冲突。鉴于东亚是整个亚太区域的最重要的核心部分，亚太大国都有责任为建构一个和平与合作的东亚海洋而共同努力。

---

[1] 外交部部长助理：《中国一直主张建立和谐海洋安全秩序》，新闻中心—中国网（http://www.china.com.cn/news/2010-09/03/content_20856407.htm）。

[2] 张世平：《中国海权》，人民日报出版社 2009 年版。

二、寻求建构东亚海洋安全秩序的出路

与上述海洋安全秩序的定义及其理念相比较，东亚地区的海洋自近代以来一直没有建立一种稳定而合理的海洋安全秩序。事实上，这片海域长期以来一直处于殖民争夺、强权政治和霸权主宰的状态下，东亚国家不能决定自己区域内海洋安全事务，东亚海洋安全秩序是由区域外西方国家决定和主导。冷战结束后，东西方对抗局面已经消失，大国间尖锐对立的冷战结构已经不复存在。对于东亚国家来说，东亚海域自近代以来所造成的被西方国家占领和统治，以及20世纪被西方国家控制和主导的历史应该结束了，这片海洋应该由东亚国家自己来建设和管理。[1] 东亚国家以及区域外相关国家应该遵循海洋安全秩序建构的逻辑与规律，来探索建构东亚海洋安全秩序。中国则在东亚海洋安全合作方面做出了积极的努力，并为保障海洋安全采取了一些切实的行动。

目前，在东亚海洋安全秩序的建构进程中，有两种截然不同的趋势存在。一方面，东亚国家的崛起正在改变亚太区域的权力结构，美、中、日、俄四国形成了四边形大国构架，美国一超独霸的局面正在改变，使得几百年来西方主导的东亚海洋管理秩序出现了动摇。特别是通过中国的和平发展，使得东北亚和东南亚能够真正连接为一个区域整体，中国成为东亚区域维护稳定的重心和实现发展的引擎。近十几年来，东亚国家顺应国际关系全球化和区域合作一体化的趋势，积极开展各种层次的多边合作，区域合作一体化进程已经启动。东亚区域内的海洋，包括黄海、东海和南海，成为了国家间积极开展双边、多边经济合作与非传统安全合作的便利平台。[2] 东亚国家间也在寻求海洋安全合作，以便共同应对非传统安全带来的挑战。东亚国家已经开始意识到需要一个稳定而协调的东亚海洋安全秩序，并开始探寻双边和多边海上非传统安全合作框架的建构。

---

[1] 郭新宁主编：《亚太地区多边安全合作研究》，时事出版社2009年版。
[2] 季国兴：《中国的海洋安全和海域管辖》，上海人民出版社2009年版。

然而，"东亚悲剧"似乎还在我们这片海域继续延续。东亚国家间那种被西方人为分割和撕裂的状态并没有消除。[1] 东亚国家尚未能充分利用东亚海域，并未能有效地参与对东亚海域的管理，更不能按照自己的整体利益需求进行新型东亚海域秩序的建构。在"东亚悲剧"延伸性影响下，海洋霸权国家仍试图继续维持其在太平洋盆地的主宰作用，把东亚国家崛起视为其领导地位的"威胁"，挑动东亚国家间的本已缓和的海洋争议。[2] 其结果，使得原本已经趋于平静的东亚海洋变得动荡不安，有关国家甚至剑拔弩张，乃至有可能造成武装冲突。

显然这两种趋势是完全不同的方向。一个是"和"，一个是"分"；一个是协调，一个是对立；一个是合作，一个是冲突。后者是东亚几百年来强权政治的逻辑的延续，前者则是东亚国家为了结束"东亚悲剧"而为奠定新的海洋安全秩序的基础所进行的探索。作为理性的选择，我们应该选择前者，摒弃后者。东亚国家间通过协调，促进相互合作，建构公正合理的东亚海洋安全秩序，既能够体现东亚乃至亚太国家的海洋权益，又符合国际关系发展的总体趋势。西方有的学者也认为，"世界各大洋和海区是全球公共区域，应基于不同的利用和各国间利益，维持一种合理的平衡"。[3] 基于上述建立海洋安全秩序的基础的分析，我们可以提出建构东亚，乃至整个亚太区域海洋安全秩序的设想。

第一，东亚海域首先应该由地理上的东亚国家直接参与海洋安全秩序的设计与管理，而且应该充分体现东亚国家的利益。已有的东亚区域平台——"东盟＋中日韩"(ASEAN+3) 合作框架可以协调各国的海洋安全与发展的利益。此外，与东亚海域有着密切关系的国家可以在"东亚峰会"（East Asian Summit）框架内协助进行海洋安全管理的讨论。而"东盟地区论坛"(ASEAN Regional Forum) 也将在讨论包括东亚海域在内的整个太平

[1] 戴旭：《C 形包围——内忧外患下的中国突围》，文汇出版社 2010 年版。

[2] SuHao, "Games Americans play", China Daily,08/07/2010,p.5.

[3] See Sam Bateman' spaper of ' Building Good Orderat Seain Southeast Asia:the promise of internationalregime" in KwaKwa ChongGuan and John Skogan,eds.,Maritime Security in Southeast Asia:(Routledge Security in Asia Series),Taylor&Francis,Inc.,April 2007,p.98.

洋海上安全合作问题方面居于重要的地位。这样，可以消除霸权国家撕裂东亚国家的可能性，弥合东亚国家间的相互猜忌，在东亚多边平台上友好协调地处理东亚海洋安全问题。

第二，东亚区域权力结构是区域海上秩序建构的重要因素。目前在东亚海洋事务中具有重要影响力的国家是美国、中国、日本、俄罗斯和东盟国家。但实际在海洋安全事务管理上并没有客观反映这一权力结构，因为中国完全被封锁在第一岛链之内，不能在远洋海区维持固定的海上军事力量。换句话说，中国将其海军力量向外投送往往被视为"中国威胁"。这是一种误导性观点，是有的国家为了维护海洋霸权的自私心态在作怪。海上秩序至少应该由上述各国和国家集团来共同建构。其中，作为一个区域大国，中国在海洋中力量的合理存在应该得到尊重。

第三，东亚区域两个重要的国家——中国和日本——的地缘特质确实存在着差异，日本是一个典型的海权国家，中国则是一个以陆权为主的陆海相兼的国家。有的日本学者认为作为海权的日本有更大的权利在海洋发展，而中国应专注于大陆的发展，两国各取所需，否则将会发生冲突。这是把海权与陆权对立的传统地缘政治观点。[1] 事实上，自古以来中国就对海洋进行了开发和利用，可以说中国也是一个传统海权国家。今天作为拥有巨大人口、漫长海岸和广阔海域的中国，需要合理合法地充分利用海洋资源来发展自己。日本试图以海权为借口更多地占有海洋资源，包括试图控制中国的钓鱼岛，单方面划出东中国海的所谓"中间线"，在冲之鸟礁划出 200 海里专属经济区，这些都是无视甚至损害包括中国在内的东亚国家合理的海洋权益的行为。日本只有通过对中国在东亚海域中的历史、自然与法理的权利给予合理尊重，进行相互间的利益调整和协调，从而实现"海陆和合"的状态，才能够为稳定的东亚海洋安全秩序的建构创造良好条件。

---

[1] James Manicom, "Japan's Ocean Policy:Still the Reactive State?",Pacific Affairs,vol.83,No.2,June 2010, : 307–326.

第四，美国作为全球性海权国家，应该充分理解和尊重中国和日本等区域性大国在东亚海洋中的地位与作用。中国的崛起及其海上影响力的增强，并没有必要排斥美国的海权。事实上，中国与美国在全球和东亚海域中享有很多共同的需求和利益，包括维持一个和平稳定的海洋安全秩序、保障国际航道的畅通、打击海盗等海上犯罪、应对海上自然灾害和海上救助等方面，双方存在着广泛的合作基础。中美在东亚海事非传统安全问题上完全可以开展协调与合作。

第五，东亚国家可以在尊重包括联合国海洋法在内的国际法基础上，开展双边和多边的机制化海洋安全合作。东亚国家基本都签署了"联合国海洋法公约"，接受了普遍的国际海洋法律原则。而且，东亚国家根据自身需要也开展了一系列多边性和多层次性的海上安全合作的实践和机制化建设，为东亚稳定的海域秩序建设做出了积极的努力。

东亚国家已经在寻求适合自身的海洋安全管理机制的建设，而中国则以负责任的态度积极与周边国家一起，通过建立各种类型的多边安全合作机制，探索建构一个稳定和平的海洋安全秩序。这种东亚海洋安全秩序的建构过程并没有排斥区域外国家的参与，而美国事实上是大多数机制的主要成员，发挥着重要的作用。然而，令人遗憾的是，最近一段时间，美国高调"重返亚洲"，将其"战略重心转向亚洲"，试图建构一个在其支撑下的西太平洋海洋军事同盟和安全合作体系与东亚大陆向对峙的"战略再平衡"框架，积极加强了它约东亚国家盟国和伙伴国的双边与多边结合的海上军事合作，从而在一些周边国家与中国之间造成了相互的猜忌与裂痕，甚至孕育着相互间潜在和现实的对抗和冲突，使本来已经显现出和平与合作的海洋安全秩序，一下子被搅得动荡不安。"东亚悲剧"的负面逻辑似乎又复活了。这是不符合东亚稳定和平的海洋安全秩序趋势的，东亚国家应该避免美国政策调整所带来的消极作用，促使美国发挥有利于东亚国家间建立海上安全互信互利关系的积极作用。

东亚海上安全秩序的稳定不仅符合东亚国家的根本利益，最终也会给美国和其他区域外大国带来巨大的效益，因为稳定和和平的东亚，将会给世界带来发展与繁荣的机遇。

要维持东亚区域的长治久安及发展繁荣，就需要保障区域内的海洋安全，而建构一个公正合理的海洋安全秩序则是重要的前提。东亚海洋安全秩序应该要客观地符合东亚国际关系的现实，即东亚国家在海洋安全秩序的建构中发挥着主要作用，能够较好地反映东亚国家的实力结构，能够体现东亚国家的整体利益，同时能够实现区域内的海权国家与陆权国家的协调，并使全球性大国和区域性大国的海洋安全利益都能都得到协调。然而，时至今日，由于西方国家的扩张和主宰而造成的"东亚悲剧"仍在某种程度上延伸，区域外的霸权国家实际上将东亚作为它所主导的太平洋秩序的一个部分，真正符合东亚国家利益的区域性海洋安全秩序并没有真正建立起来。

东亚国家需要走出"东亚悲剧"的阴影，真正实现东亚事务应由东亚国家来主导处理。不过，目前有些东亚国家的一些不负责任的政客和舆论，似乎习惯性地偏向于想要保持与区域外西方国家的传统安全关系，甚至试图拉住美国来对抗正在为东亚的稳定和发展做出积极贡献的中国。这是一种自我地位的丧失。事实上，以美国为代表的西方国家的文化背景、价值偏好和利益取向与东亚国家并不一致。具体来说，美国所希望的东亚海洋安全秩序是一种由它所主宰并符合它的国家安全利益的构架，这就需要东亚一些中小国家依附于美国的保障，同时将美国所控制的海洋空间尽可能地扩展至东亚大陆的边缘。其结果是限制了一些东亚国家的战略灵活性选择，同时压缩了中国的合理的海洋利用空间，甚至侵害了中国的海洋国土，从而造成了东亚国家间的撕裂和东亚海域中国家间的对立，东亚国家的利益没有得到很好的体现，东亚国家的海洋权益未能充分保障，东亚海洋变得更加动荡不安。

其实，东亚国家近十几年来已开启了区域合作一体化的进程，广泛开展着各种层次的区域性、次区域性、小多边与双边国际合作，而东亚海洋则成为凝聚东亚国家的重要纽带，实现区域合作的平台。维护东亚海洋的和平稳定，是东亚国家的共同利益。为此，它们之间已经开始探讨建构一种符合国际法律与规范，体现各国共同利益，形成一种稳定机制安排的东亚海洋管理，从而为未来建构一个公正合理的东亚海洋安全秩序创造良好的条件。作为负责任的东亚大国，"中国能够做出一个积极的姿态在东亚海洋中促进海上合作的展开"。[1] 中国坚持"搁置争议，共同开发"原则，曾经在维持东亚海洋稳定与安全方面发挥了切实的重要作用。随着中国国力的增强，中国在维护海洋航道安全和海上救助方面起到了积极的作用。这对未来东亚海洋安全秩序的建构增添了新型的积极因素。鉴于此，我们东亚国家和区域外的大国应该相互尊重和协调，努力改变东亚无序的海洋管理状况，转而建构一种符合东亚乃至亚太区域国家整体利益的海洋安全秩序。

作为东亚区域大国，随着自身的和平发展，中国在东亚海上安全事务中影响力日益增大。近代以来中国的海上力量太弱小了，与中国的大国地位很不相称。随着中国经济的发展，中国的海外利益也在相应拓展。中国需要努力提高海洋资源开发能力，建立强大的海上力量来保护中国的海洋权益和海外利益。但是，中国的传统是一种和平的内向型战略文化，在"以邻为善，以邻为伴"外交方针的指导下，中国需要的是在相互尊重各自合理利益的基础上开展区域合作，推动区域一体化进程，从而营造一个良好的海洋安全环境。构成中国海疆的三大海域——黄海、东海和南海——是东亚海域的核心海区，但由于西方对东亚海洋的长期控制和影响，使得中国与与周边国家在这一海区所存在的岛屿争端和海域划分问题，未能得到顺利的解决和管理，甚至在一些西方国家的挑动下还导致东亚国家间相互关系的紧张。

东亚海洋的良好安全环境的维护和合理海洋秩序的建构，需要对构成

[1] Ming jiang Li, "China's growing willingness formilitary in East Asia:recent development sand future prospects", Journal of Contemporary China,Vol.19,No,64,March 2010 : 309.

中国主要海疆的黄海、东海和南海的海洋事务的良好的管理，对损害中国海洋权益的行为进行坚决斗争，对保障海洋整体安全开展积极合作，这样既能最终实现中国的海洋强国的战略目标，又能促进中国与东亚海域周边国家的协调与合作，建构一种真正符合东亚国家和人民利益的公正合理的海洋秩序……

第二章　黄海的自然状况、历史与现状

　　黄海位于广袤的中国海疆的北部海域，它在中国历史上产生过重大影响，甚至曾经影响过中国历史的发展进程。时至今日，黄海对中国国家安全依然具有重要的意义。由于历史和现实的原因，中国、朝鲜和韩国对黄海部分海域仍然存有争议，本章将对黄海的历史、中朝韩三国对黄海争议海域的国内法律基础进行简单介绍，并对未来黄海海域管理改初步探讨。

第一节　黄海的自然地理与划界法律争议

黄海位于中国大陆与朝鲜半岛之间，对东北亚地区安全与经济社会发展均具有重大的战略意义。目前，作为黄海沿岸国的中国、朝鲜和韩国对黄海争议的划界问题存有不同的法律基础和主张。

一、黄海的自然地理

黄海位于中国大陆与朝鲜半岛之间，属于半封闭型浅海，它北起鸭绿江口，北面和西面濒临中国，南到长江口北角至韩国济州岛西南角一线，东邻朝鲜半岛，被中国山东半岛、江苏沿岸和朝鲜半岛包围，日本九州岛往西的一部分也面对着黄海，黄海以长江口北角至济州岛西南角之间的连线为其南界，黄海的主要岛屿有长山列岛、海洋岛以及朝鲜半岛西岸的一些岛屿；其主要海湾有胶州湾、海州湾、朝鲜湾、江华湾等。黄海盛产鱼虾海菜，海底蕴藏着丰富的石油和其他矿产资源。自古以来，黄海就是中国和朝鲜半岛人民劳动生息的作业场所，朝鲜和韩国称黄海为"西海"。

黄海南宽北窄，南北长约 470 海里，东西宽约 300 海里，其中最窄处约 104 海里，平均水深约为 44 米，最深点位于济州岛之北、海岩屿之东，水深约 140 米。中国的淮河、碧流河、鸭绿江及朝鲜半岛的汉江、大同江、清川江等注入黄海，因为黄河从中国西北地区携带的大量黏土质土壤的沉积，而古黄海在江苏北部入海时河水中携带大量泥沙，远观呈现出黄色，因此也就被称为黄海。

黄海海底地形开阔，水流平缓，有两大流系的海流：一是高盐高温的黄海暖流，二是低温低盐的黄海沿岸流系；黄海暖流与沿岸流在南黄海海域形成气旋式环流，因此黄海渔业资源丰富，共有约 300 多种鱼类，其中主要经济鱼类有带鱼、小黄鱼、鲅鱼、鲐鱼、黄姑鱼、鳓鱼、太平洋鲱鱼，鲳鱼等。此外，还有金乌贼、枪乌贼等头足类和鲸类中的小鳁鲸、长须鲸和虎鲸等。估计可捕量约为87万吨。[1]黄海经济贝类资源主要有牡蛎、贻贝、蛤、蚶、扇贝和鲍等。经济虾、蟹资源有对虾（中国对虾）、鹰爪虾、新对虾、褐虾和三疣梭子蟹。黄海生物种类多，数量庞大，形成了烟威、石岛、海州湾、连青石、吕泗和大沙等良好的渔场。

由于黄海海底拥有很厚的中、新生代沉积，因此蕴藏有丰富的油气资源，尤其是南黄海盆地、北黄海中部盆地和韩国近海盆地等具有可观的油气资源远景。黄海海域优质的矿产资源主要有滨海砂矿，目前已进行开采；此外，中国山东半岛近岸区还发现有丰富的金刚石矿床。因此，综上所述可以看出，黄海具有可观的经济利用价值，可以作为中国"环黄渤海经济圈"建设的重要物质基础。

虽然黄海面积约38万平方千米，是毗邻中国大陆的三大海域中面积最小的，但是黄海的地理位置极其重要。从地缘战略的角度来看，黄海地区是中国的京畿门户，是通往中国京津唐心脏地带的咽喉要道。黄海位于亚欧大陆的最东端，而且是亚洲大陆与太平洋的结合处，处于两大地缘板块结合处的特殊地缘位置注定了黄海不可能是一片平静之海。从历史上看，黄海自古以来就是大国和地区内各国势力角逐的试验场，是东北亚地区地缘政治争夺的焦点区域，因为黄海处于东北亚地缘政治的中心区域，可谓东北亚地缘版图的"暴风眼"。日本军事历史学者司马辽太郎曾经说过，"谁控制了黄海，谁就主导了在东北亚大陆说话的话语权。"这一论断可能有值得商榷之处，但是也足以说明黄海在东北亚地缘政治格局中独特而极端重要的地缘战略价值。

黄海对中国而言具有极其重要的地缘战略属性，因为黄海的位置非常敏感，这里不仅毗邻中国经济发达的江苏和山东两省，同时也是京、津等重要城市的海上门户，因此黄海也被外界誉为"北京的咽喉"，是中国的战略核心地带之一，所以中国对于外国海军在黄海海域进行军事演习和其

[1] 何立居主编：《海洋观教程》，海洋出版社2009年版，第88页。

他军事活动都十分关切。其次，黄海对于中国和东北亚地区来说不仅仅具有传统军事安全意义，从经济发展的角度来看，黄海毗邻环渤海经济圈，是"环黄渤海经济圈"的重要组成部分。而辽东半岛沿海正在建设沿海经济带，还有京津唐经济带，这些都是中国经济发展的重心地带。此外，一旦"环黄渤海经济圈"建成，将是一个包括中国北京、天津、山东、江苏、河北、辽宁和日本九州岛以及韩国全罗南道、全罗北道、忠清南道、京畿道、釜山、大田、仁川的庞大次区域经济圈，黄海无疑将在其中扮演核心的纽带作用。同时黄海地区已经成为东北亚海上物流中心，全球 30 大港口中有 3 个在黄海。可以说黄海的安全局势事关整个东北亚的安全，因此黄海战略地位的体现是多方位的。不仅具有极强的军事安全战略地位，还具有很强的经济发展战略地位，这不仅对于中国来说是如此，对东北亚地区而言更是如此。

二、黄海争议海域划界的各方法律基础及分歧

由于作为黄海沿岸国家的中国、朝鲜和韩国都颁布了各自的海洋法律制度，从而导致了上述各国对黄海存有一定程度的权益争端，主要是黄海大陆架的争议，目前黄海大陆架的界线尚未明确划定。本节将就中国、朝鲜、韩国对黄海海域划界的国内法律解读及主权要求做简单介绍。

对于朝鲜和韩国而言，黄海海域划界争议的实质就是两国因历史原因遗留下来的黄海海上界限问题；而对于中国而言，黄海海域划界争议的实质就是中国同朝鲜和韩国对于专属经济区的划定，两者是不同的。根据《联合国海洋法公约》的有关规定，沿海国可以主张 12 海里的领海及 200 海里的专属经济区和大陆架。但黄海的实际宽度不足以使双方各自划定 200 海里专属经济区，也就是说中国和朝鲜、韩国各自所主张的专属经济区部分重合，因此需要进行海洋划界。同时，中国和朝鲜韩国在黄海的海洋划界，既包括专属经济区划界，也包括大陆架划界。三国的划界主张不尽一

致，这也就造成了黄海海域划界至今悬而未决的状况。在黄海和东海的海上划界中，中方主张的基本划界原则是大陆架自然延伸优先划界原则，这也是国际通用的海洋划界基本原则，而韩国和朝鲜基本上支持所谓的"中间线"原则。下文将分别予以简单说明。

（一）中国关于黄海划界的国内法律基础

中国在黄海海域的相关政策法规主要有以下几项：1955年4月，签订《中日民间渔业协定》时中国提出军事警戒区范围，并得到了日本的同意。当时中国方面提出的海上军事警戒区的范围是从北纬39度46分48秒、东经124度10分至北纬37度、东经123度03分两点线以西为军事警戒区（1963年调整为北纬39度45分、东经124度09分11秒）。1958年9月中国政府发布了《中华人民共和国关于领海声明》，宣告中国领海宽度为12海里。1981年4月28日中国国务院公布了关于设立带鱼幼鱼保护区的决定。[1]

1992年2月中国颁布了《中华人民共和国领海及毗连区法》，该法第三条规定："中华人民共和国领海的宽度从领海基线量起为12海里。中华人民共和国领海基线采用直线基线法划定，由各相邻基点之间的直线连线组成。中华人民共和国领海的外部界限为一条其每一点与领海基线的最近点距离等于12海里的线。"该法第四条规定："中华人民共和国毗连区为领海以外邻接领海的一带海域。毗连区的宽度为12海里。中华人民共和国毗连区的外部界限为一条其每一点与领海基线的最近点距离等于24海里的线。"[2]1996年，中国批准加入《联合国海洋法公约》，并发布了大陆领海部分基线的声明，该声明规定了黄海的领海基点有苏山岛、朝连岛等10个。

1998年6月，中国颁布了《中华人民共和国专属经济区和大陆架法》，确立了中国的专属经济区和大陆架基本制度。该法第二条明确规定，我国

---

[1] 何立居主编：《海洋观教程》，海洋出版社2009年版，第111页。
[2]《中华人民共和国领海及毗连区法》，全国人民代表大会官方网站（http://www.npc.gov.cn/wxzl/wxzl/2000−12/05/content_4562.htm）。

的专属经济区"为中华人民共和国领海以外并邻接领海的区域，从测算领海宽度的基线量起延至 200 海里。"我国的大陆架为"中华人民共和国领海以外依本国陆地领土的全部自然延伸，扩展到大陆边外缘的海底区域的海床和底土；如果从测算领海宽度的基线量起至大陆边外缘的距离不足 200 海里，则扩展至 200 海里"。第二条还明确规定了如果我国与海岸相邻或者相向国家关于专属经济区和大陆架的主张重叠的，应该在国际法的基础上按照公平原则以协议划定界限。[1] 上述相关法规体系奠定了中国黄海划界主张的国内法律基础。同时，中国作为《联合国海洋法公约》的签字国，自然接受了该国际法律文件对海洋和大陆架划界的基本原则。

（二）朝鲜关于黄海划界的国内法律基础

迄今为止，朝鲜并未制定专门的领海法，也未曾对外正式公布其领海制度及其领海基点和领海基线。虽然朝鲜尚未宣布其大陆架制度，但是从朝鲜在国际场合的表态立场可以看出其主张。朝鲜认为沿岸国有权根据其特定的地理条件，确定其领海或经济区以外作为其陆地领土自然延伸的大陆架的界限。[2]

目前，朝鲜关于海洋的立法中涉及黄海部分的法律法规主要有以下三项：第一项是 1955 年朝鲜宣布的 12 海里领海制度。其实早在 1953 年朝鲜战争停战协定谈判时，朝鲜就曾经提出过 12 海里领海的主张。1955 年 3 月 5 日，朝鲜正式宣布 12 海里领海的主张。目前，虽然朝鲜并未对外明确公布其领海基点和领海基线，但是据推测，朝鲜在北黄海的领海基线可能是采用了正常基线法，即"沿岸低潮法"。[3]"沿岸低潮法"也就是用沿岸低潮线作为划分朝鲜黄海的领海基线，而沿岸低潮线是指落潮时海水退到离海岸最远的潮位线。

朝鲜有关黄海法律法规的第二项制度是 1977 年朝鲜宣布建立 200 海

[1]《中华人民共和国专属经济区和大陆架法》，2005 年 9 月 12 日，中华人民共和国中央人民政府官方网站（http://www.gov.cn/ziliao/flfg/2005-09/12/content_31086.htm

[2] 季国兴：《中国的海洋安全和海域管辖》，上海人民出版社 2009 年版，第 304 页。

[3] 同上，第 303 页。

里专属经济区的制度。1977 年 6 月 21 日，朝鲜通过了"关于建立经济水域的政令"，宣布建立经济水域，并对经济水域内生物和非生物资源行使主权。该政令具体规定如下："经济区从领海基线起至 200 海里，在不能划 200 海里的水域中划至海洋的半分线"；"在经济区内（水域、海底和底土）对生物和非生物资源行使主权权利"；未经批准，"外国人、外国船舶和外国航空器等不得在经济区内捕鱼、设置设施、摄影、调查、测量、勘探、开发和进行其他有碍经济活动的行为。"[1]

由于北黄海的宽度不足以使中朝各自划定 200 海里专属经济区，根据上述朝鲜 1977 年政令的要求——"不能划 200 海里的水域划至海洋的半分线"，朝鲜提出黄海海域以"海洋半分线"与中国划分黄海的边界。从 1977 年开始，朝鲜在与中国的划界谈判中强调以"海域半分原则"划界，却又提出"纬度等分线"等具体主张，按照这一主张，朝鲜在北黄海的专属经济区的外部界限就超出了该海域的中间线。[2]

涉及黄海部分的海洋法律法规的第三项是 1977 年 8 月 1 日朝鲜人民军最高司令部发布的决定设立军事警戒区的公告，根据该公告，朝鲜军事警戒区的范围是从领海基线算起至 50 海里的范围；在黄海海域内的军事警戒区则与专属经济区的范围相重叠，其外部界限略微超出黄海的中间线。在警戒区内禁止外国人、外国军用船舶和飞机活动，外国民用船舶和飞机在该区内航行和飞越须经批准。该公告具体规定如下：1. "军事警戒线在日本海（东海）为从领海算起 50 海里，在黄海（西海）与经济水域的界线重叠；" 2. "在军事警戒线区域内（水上、水中、空中）禁止外国人、外国军事舰船、外国军用飞机活动，民用船舶（渔船除外）、民用飞机只有在得到有关方面的事先商定或批准后，才能在军事警戒线区域内航行和飞越"；3. "民用船舶、民用飞机不得在军事警戒线区域内（水上、水中、空中）进行具有军事目的的行动或侵犯经济利益的活动。"[3] 事实上，朝鲜

[1] 海洋国际问题研究会编：《中国海洋邻国海洋法规和协定选编》，海洋出版社 1984 年版，第 5—6 页。

[2] 季国兴：《中国的海洋安全和海域管辖》，上海人民出版社 2009 年版，第 304 页。

[3] 海洋国际问题研究会编：《中国海洋邻国海洋法规和协定选编》，海洋出版社 1984 年版，第 5—7 页。

在军事警戒区内规定的诸多限制比领海的限制更为严格，在经济水域内必须同时适用军事警戒区的制度。

（三）韩国关于黄海划界的国内法律基础

第二次世界大战结束不久，在南朝鲜成立的美国军政府以军事命令的形式公布了南朝鲜的领海。1948 年 5 月 10 日，美国军政府发布了关于"朝鲜海岸警备队职责"的第 189 号命令。命令的第三部分规定："北纬 38 度以南朝鲜的领水⋯⋯沿朝鲜海岸的封闭海域和自海岸线起向外扩展 1 里格或 3 海里的一带边缘海域。"这一命令尚未涉及领海基线和领海内的航行制度等重要问题。

除了美国军政府颁布的法令以外，从 1977 年到 1997 年，韩国颁布《领海法》等一系列法律法规，概括起来，韩国国内海洋立法中涉及黄海的最主要的基础性立法和法规主要有以下几项。

第一项，1977 年 12 月，韩国国会颁布了《韩国领海法》，规定韩国的领海在东西两岸系从基线量起 12 海里界限以内的水域；该法规定，"韩国与相邻或相向国家之间的领海边界，除非与有关国家另有协议，则为两国之间的中间线"。在领海基线的问题上，韩国主要采取直线基线法；但在济州岛采用沿岸低潮线法。就将来中韩黄海划界而言，可能成为一个分歧点的是韩国把位于朝鲜半岛西南角、离半岛海岸 62 海里的小黑山岛（Sohuksan-do）作为领海基点，这值得中国方面关注。

第二项立法是所谓"李承晚线"。1952 年 1 月 18 日，韩国政府发表了李承晚签署的《关于毗连海域主权的总统声明》（该声明有时也被译为《对邻近海洋的主权宣言》），该声明单方面宣布对邻接其领土半岛和岛屿沿岸的大陆架及所属范围的全部海域行使国家主权，也就是说韩国将对朝鲜半岛周围及大陆架 199 海里以内海域的自然资源、矿物资源和水产拥有主权，根据声明，韩国单方面为建立宽度为 60~200 海里的管辖海域而单方面划定了一条海上分界线，该线是一条在黄海沿东经 124 度线走向的直线，南起北纬 32 度，北至中国陆地，其南端已将中国的部分大陆架划入其范围内，而北端则划入中国的领海，进入中朝陆地边界以西约 20 千米。该线距离海岸的最大距离约 200 海里，这条水域线，也被称为"李承晚线"。为了强化"李承晚线"的法律效力，1952 年 10 月，韩国政府又公布了《捕获审判令》，为拘捕审判进入所谓"李承晚线"的外国渔民提供了法律依据。

韩国第三项相关黄海划界的法规是 1970 年 1 月颁布的《韩国海底矿产资源开采法》（该法律也被译为《海底矿物资源开发法》）及 1970 年 5 月颁布实施的《韩国海底矿产资源开采法的实施令》。根据该法，韩国不仅调整了大陆架自然资源开发活动，而且按照等距离线的原则单方面划定了韩国大陆架的外部界限与我国在黄海的边界，即按中间线宣布了黄海石油勘探区，韩国在黄海采取了未经允许提前勘探的方法，并把矿区出租给外国公司。

1972 年，韩国政府宣布在黄海设立所谓的"海上特区"，并对黄海进行了全面勘探。从 20 世纪 70 年代开始，韩国还引进美国等西方石油公司在黄海大陆架上开采石油和天然气，韩国未经与中国协商，更没有中国的同意而在黄海大陆架上勘探石油，是对中国的海洋主权和海洋权益的不尊重。1977 年公布"领海法"，规定"韩国与相邻或相向国家之间的领海边界，除非与有关国家另有协议，则为两国之间的中间线"。

韩国第四项与黄海划界有关的法规是 1996 年 8 月颁布实施的《韩国专属经济区法》，宣布建立 200 海里专属经济区，该法规定韩国与相向或相邻国家间专属经济区界限的划分，将以国际法为基础，与相关国家协商解决；在正式划定前，韩国专属经济区权利延伸至与邻国之间的中间线。[1] 这一规定也是韩方未来同中国进行黄海划界谈判的法律基础。

（四）黄海各方的分歧点

目前黄海海域的主要权益争端问题主要体现在以下两个方面。首先，黄海渔业资源有限，难以满足沿岸三国对于渔业资源的巨大需求；其次，中朝韩专属经济区海域范围重叠，因为黄海最宽处仅为 378 海里，最窄处

---

[1] 季国兴：《中国的海洋安全和海域管辖》，上海人民出版社 2009 年版，第 307 页。

仅 100 多海里，若以 200 海里专属经济区计算，中朝韩专属经济区海域范围明显重叠。

从 20 世纪 70 年代初期关于海底划界的争论爆发以来，中国政府主张公平原则并坚持大陆架自然延伸优先划界原则。事实上，韩国主张绝对按"等距离中间线"原则，"等距离中间线"原则并不一定科学地反映黄海的地理特征，也与国际法通行的公平原则有出入。中国在争议海域划界谈判中一直主张和强调当事国平等协商和公平的重要性。因此，在不同的国际场合，中国也表示坚决支持专属经济区和大陆架划界的公平原则。

就中韩分歧而言，中韩双方的主要分歧点在于双方在大陆架划分上持不同观点，中国与韩国为相向共架国，中国主张按自然延伸原则划界，即按古黄河河道与韩国划分黄海大陆架。但韩国坚持以"等距离"和"中间线"原则划分两国间相邻的大陆架，这样一来，中韩双方便产生了约 6 万平方千米的争议海域。事实上，绝对以中间线的方式划分黄海大陆架显然有失公平，因为我国海岸线长达 821 千米，韩国一侧则为 659 千米，比例为 1：0.8。此外，如何科学合理地确定海基线也是一个存在的问题。中国已经对外公布了完整的大陆海岸领海基点和海基线，而朝鲜和韩国都还没有按照联合国海洋法公约的要求，正式公布各自的领海基点和海基线。值得注意的是，中国采用了完全的直线基线。由于我国海岸线外的岛屿较少，领海基线基本上都是靠近海岸附近，以此为基准来划定海洋界线显然不太有利。而朝鲜和韩国海岸外的岛屿较多，如果把领海基线从岛屿外算起，会占有一定的优势。在考虑共享大陆架的海域划界问题时，需要遵循国际法通行的"公平原则"，因为黄海海域中国一侧人口众多，民众的基本生活需要靠海上渔业维持。此外，黄海大陆架中有相当部分是中国的黄河所带泥沙自然冲积而成，因此大陆承载性是一个需要考虑的因素。另外，对于具有国际法意义的海岸线需要进行科学的确定，人工填海造成的海岸不具有法律效率，而韩国一侧的海岸基点和基线尚不明确，需要认真进行认定。

从目前来看，中韩黄海海洋划界问题并非短时间内所能解决，在中韩签署最终的黄海划界协议之前，中韩双方对黄海海域的资源开发问题做出适当的临时性安排是客观而理性的选择。2001 年 6 月 30 日正式生效的《中韩渔业协定》，就是这种临时性安排。《中韩渔业协定》有效期为五年。缔约任何一方在最初五年期满时或在其后，可提前一年以书面形式通知缔约另一方，随时终止本协定。《中韩渔业协定》中将争议水域分为"暂定措施水域""过渡水域"和"维持现有渔业活动水域"三类。其中将"暂定措施水域"设定为北纬 32 度 11 分至北纬 37 度之间的黄海水域，由双方采取共同的养护和管理措施。对违反规定者，双方按各自的国内法处理本国渔船。将"过渡水域"设定为"暂定措施水域"两侧，在两国领海外各设一个，有效期为四年，双方应采取适当措施，逐步调整并减少在对方一侧过渡水域作业的本国国民及渔船的渔业活动。四年期满后双方两侧的过渡水域按各自的专属经济区进行管理。将"维持现有渔业活动水域"设定为暂定措施水域北限线所处纬度线以北的部分水域及暂定措施水域和过渡水域以南的部分水域，维持现有渔业活动，不将本国有关渔业的法律、法规适用于缔约另一方的国民及渔船，除非缔约双方另有协议。[1]

　　总的说来，《中韩渔业协定》作为一种临时性安排，尽管存在一些不足之处，但是对于规范中韩两国在黄海争议海域的行为还是发挥了很大的积极作用。但是同时应该强调的是，《中韩渔业协定》只是一种过渡性的临时性安排，要想从根本上解决中韩在黄海上的争议，还需要中韩两国共同努力，本着"平等、公平"的原则，早日签署正式的黄海划界协定，以更好地规范管理黄海海域，使黄海海域早日成为联系中韩两国的和平之海和繁荣之海。

　　此外，需要指出的是，韩国在对待同别的国家存有争议的海洋划界问题上，一直秉持实用主义的"双重标准"或"双重原则"。例如，在黄海划界问题上极力主张"中间线"原则，但在其东部海域争议中又极力主张

---

[1] 参见《中华人民共和国政府和大韩民国政府渔业协定》，《中华人民共和国国务院公报》，2001 年第 19 期；徐博龙：《冷静应对〈中韩渔业协定〉》，《海洋开发与管理》，2002 年第 2 期。

大陆架自然延伸原则。

中韩在黄海争议海域存在的划界问题的直接衍生物就是将来在黄海海域还可能存在潜在的"日向礁问题"。日向礁具体位于北纬34度00分41秒，东经124度53分19秒，该礁石也属于水下暗礁，中国自古以来就已发现并利用日向礁作为航海的标志。韩国则认为这一礁石在韩国主张的海域之内。2006年12月，韩国海洋地名委员会单方面将日向礁的名称变更为"可居礁"（Gageo Reef），同时韩国政府还拨款在日向礁上自行修建建筑物，并将其命名为所谓"可居礁海洋科学基地"。因此，日向礁问题应是中韩两国海洋划界的一个因素需要进行认真对待，因为有学者认为将来这也可能成为另一个中韩间潜在的分歧点。[1]

中国与朝鲜是友好邻邦，但是在黄海争议海域划界问题上两国也存在分歧，中朝两国在黄海大陆架是相邻共架国。中国方面基于双方的友好合作关系，考虑按中间线划界，朝鲜则主张以纬度等分线划界。这样一来，中朝之间在黄海海域就产生了约3000多平方千米的争议海域。因此从面积上看，中朝争议海域的面积远远小于中韩争议海域的面积。此外，中朝两国在领海划分上，是以东经123度10分6秒为领海分界线，结果造成我国船只一出海就是朝鲜水域。虽然两国确定在123度59分至124度26分之间，两国一切船舶皆可自由航行，但这还是属权宜之计，今后需要一种完整的法律框架进行制度化安排来解决。

中国政府一贯主张根据国际法和包括《联合国海洋法公约》在内的现代海洋法，通过和平谈判协商，公平地解决海洋边界问题。在黄海划界问题上，中国、朝鲜和韩国三方也应该遵循"公平原则"，并兼顾黄海争议海域的实际状况，通过友好协商，循序渐进地推进划界谈判，以确定最终的划界方案。

---

[1] 王小波编著：《谁来保卫中国海岛》，海洋出版社2010年版，第162页。

第二节　黄海海域的历史状况

从黄海地区不仅在中国历史上，而且在东亚古代和近现代国际关系史上都扮演了极为重要的战略要道的角色，抚今追昔，我们在感叹于黄海历史沧桑的同时，更要重视黄海在当今亚太地区国际格局中所担当的重要杠杆角色。

黄海曾改变亚洲的历史。从历史上看，沙皇俄国和苏联从北向南、自西向东扩张陆权，英国、日本及随后的美国由东向西扩张海权，两股势力势必在东北亚正面交汇，而交汇的焦点区域之一就是黄海，可以说黄海是以欧亚大陆为代表的陆权势力与以太平洋为代表的海权势力的利益碰撞之处，也是各大国进行战略角逐的舞台。区域外的俄罗斯、美国和区域内的中国、日本、朝鲜半岛一道组成了参与黄海地区博弈的多方玩家。对于日本而言，黄海曾经是其涉足亚洲大陆的主要立足点和着眼点，是其征服亚洲的战略规划起点。历史上，日本对广袤而丰饶的亚洲大陆早就蠢蠢欲动，觊觎良久。历史上几次重要的意图征服朝鲜半岛和中国乃至亚洲大陆的战争都是爆发在黄海上。

对于中国而言，在处理黄海划界问题时，必须与朝鲜和韩国两方进行交涉，因此中国应充分了解朝鲜和韩国在黄海的博弈情况以及这些事件对黄海海域划界有着怎样的影响。因此，有必要对"二战"后黄海沿岸各国，尤其是朝鲜和韩国在黄海海域的冲突情况进行分阶段梳理和简单介绍。

一、朝鲜战争期间的黄海海域问题

1950 年 6 月，朝鲜战争爆发，黄海海域也随着朝鲜战争的爆发而变得波涛汹涌。当时韩国为了扩大对黄海的控制权以获取对朝鲜战争中的相对优势地位，于 1952 年 1 月 18 日，韩国政府发表了李承晚签署的《对邻近海洋的主权宣言》，并单方面划定了所谓的"李承晚线"。

1953 年 7 月签署的《朝鲜停战协定》虽然划分了朝鲜和韩国两国在朝鲜半岛上的陆地分界线，但是该协定并未明确划分朝韩双方的海上分界线，由此也导致了朝韩双方在黄海原朝鲜所属岛屿的管辖问题上产生了一些分歧。如位于朝鲜半岛西部的白翎岛，按协议应该归属于朝鲜的管辖范围，但当时"联合国军"在撤退时却将它及其附近的大青岛、小青岛、延坪岛和隅岛一起交给了韩国政府管辖，从而留下了诸多隐患。

自朝鲜战争结束后，虽然朝鲜和韩国划定了陆上临时分界线，即朝韩军事分界线，但是朝鲜和韩国的海上分界线却一直没有划定。联合国军司令于 1953 年 8 月为予维持停战状态并确定联合国军和韩国军活动范围而划定界线并予以公布。具体来说，美韩单方面划定了一条约 278 千米长的"北方限界线"作为美韩联军的海上控制线。这条线由两国陆上分界线的西侧终点汉江河口的末端开始，至朝鲜的瓮津半岛、隅岛、延坪岛、海州海域、贯穿西海五岛（白翎岛、大青岛、小青岛、大延坪岛和小延坪岛）。这样，韩国在其管辖的所谓"西海五岛"与朝鲜西部海岸之间单方面设定了这条所谓"北方界线"（NLL）。朝鲜并不承认这条美韩单方面划定的"北方限界线"，1976 年，朝鲜也单方面划定了一条"南方警戒线"与之抗衡，这条线是黄海道与京畿道陆上分界线的海上延长线，韩方也不承认。1999 年 9 月和 2000 年 3 月公布所谓"西海海上军事分界线"和"西海 5 岛通航秩序"，指明"朝鲜黄海道和韩国京畿道的中间线以北和以西的水域都属于朝鲜管辖，联合国军只管辖西海 5 岛"，并要求所有往返上述韩国军管辖的 5 岛的韩国船舶只能使用朝鲜指定的两条 2 英里宽的水路。朝韩各自划定的这两条线形成了一个海上重叠争议区域，这个区域也就是朝韩黄海冲突的集中地。这种分歧导致双方军舰与渔船在争议海域不断发生"越线"摩擦。

韩朝军队曾于 1999 年 6 月、2002 年 6 月和 2010 年 11 月在黄海争议海域发生军事冲突，距今最近的一次影响力较大的冲突事件就是发生在

2010 年 11 月 23 日发生的延坪岛炮击事件。这一所谓"西海问题"在可见的将来仍将是导致南北冲突的爆发点，也将对黄海的和平带来巨大的不确定性。

二、中韩对黄海海域管辖问题的争端

中韩两国对黄海海域管辖问题产生过争端，而中国与朝鲜则达成陆路边界协议并对黄海海域中的海岛进行了划分。

经过中朝两国的友好协商，1962 年 10 月 3 日，中朝两国签订了《关于中朝边界问题的会谈纪要》，正式就边界条约草案达成协议。同年 10 月 12 日，中朝两国《边界条约》正式签署，该边界条约也涉及到了黄海海域中领海的划分："鸭绿江和图们江的边界的宽度，任何时候都以水面的宽度为准。两国间的界河为两国共有，由两国共同管理、共同使用，包括航行、渔业和使用河水等；鸭绿江口外，中朝两国海域的划分，确定从江海分界线上的东经 124 度 10 分 6 秒的一点起，本体中向南直到公海为止的一线为两国的海上分界线，以西的海域属于中国，以东的海域属于朝鲜；江海分界线以外，自东经 123 度 56 分至东经 124 度 26 分间的海域，两国的一切船舶都可以自由航行，不受限制。"1963 年 3 月，中朝签订了两国《关于中朝边界的议定书》，该议定书划界了"海上分界线和自由航行区"；并对两国"边界的维护和管理"做出了详细规定。1975 年 11 月 6 日，中朝两国签订了《关于中朝边界第一次联合检查的议定书》。议定书对鸭绿江和图们江中的原有岛屿、沙洲的检查，新出现的岛屿和沙洲的"归属确定"，界河和江海分界标志的检查以及边界的维护和管理等做出了明确规定。中朝两国本着互谅互让、公平合理的原则，在双方平等友好协商的基础上所签署的一系列有关边界问题的协议和条约，基本上解决了包括对黄海争议海域在内的两国边界划分问题，这也构成了中朝长期友好合作的政治及法律基础。

1955 年 12 月 25 日，韩国海军舰艇在黄海公海上对中国公然挑衅，向中国渔船开火射击，企图劫夺中国渔船，并且随后掳走了两名中国渔民。1956 年 10 月 15 日，韩国海军舰艇在黄海公海上再次侵犯中国渔船并绑架了 9 名中国船员。在上述两起事件中，当时韩国方面坚持声称事发地点是在韩国的"领水"之内，而中国方面则明确指明事件是发生在黄海南部的公海上。

1974 年上半年，韩方多次在黄海海域冲撞中方渔船，遭到中朝两国的一致谴责。此外，从 20 世纪 70 年代开始，韩国在没有与中国达成协议的情况下，连续在黄海争议水域进行石油勘探活动，遭到中方强烈抗议。这些事件的发生从一个侧面说明当时中韩关系仍处于严重对立的状态。

本世纪以来，中韩两国在黄海海域常发生一些渔业纠纷。2001 年签署中韩渔业协定后，韩国开始对在韩国一侧水域捕鱼的中国渔船进行管理。在韩中渔业协定生效初期，韩国政府允许在其水域内捕捞的中国渔船数量为 2500 艘，但近来减至 1900 艘。据韩方介绍，中国渔船的非法作业主要集中在全罗南道黑山岛海域、济州海域、仁川白翎岛海域和黄海中部海域。

据韩方公布的资料显示，从 2004 年到 2007 年 4 年间，韩国海警共计扣留 2037 艘非法作业的中国渔船。此期间被捕的中国船员达 20896 人，仅保释金就交了 213.55 亿韩元。

据韩方统计，2011 年共有 537 艘中国渔船被韩国海警扣留。2011 年 12 月，韩国海警李清好在查处非法捕捞中国渔船时在双方发生冲突中被刺死；2012 年 4 月 30 日凌晨，韩国海岸警卫队与在黄海海域捕鱼的中国船只"浙玉渔运 581 号"发生冲突，4 名韩国海警受伤，9 名中国渔民被抓扣。以此事件为契机，这年 5 月 2 日，韩国国会通过了《关于在专属经济区对外国人的渔业活动等行使主权的法律》（又称《专属经济区法》）修正案，大幅加强了对非法捕捞的中国渔船的制裁力度。10 月 16 日，一名中国渔民在韩海警执法过程中被橡皮弹击中后救治无效死亡。次日，韩国海警以涉嫌"非法捕捞"为由，扣押了抵达木浦港的"鲁营渔"号等两艘中国渔船，并将 13 名中国渔民押送至韩国。中韩黄海渔业纠纷是不时困扰两国关系的问题，加上韩国媒体不负责任的炒作，韩国社会和舆论往往反应强烈，对两国关系的健康发展造成冲击。鉴于此，中韩两国政府和有关部门应该着眼长远和中韩关系发展未来，积极沟通，加强交流，应该早日建成一套成熟、完善可行的中韩渔业纠纷应对机制，而不应该在单一事件发生后消极应对，陷入周而复始的恶性循环。

此外，美国和韩国在黄海海域进行军事演习，是这一海域的一个不稳定因素。

如 2010 年 11 月 28 日，美国以"威慑朝鲜'挑衅'，履行'韩美同盟'义务"为名进入黄海，同韩国展开联合军事演习。美韩此举直接威胁到了中国和朝鲜的国家安全，因为美国可以借演习之机熟悉黄海海域的地质水文情况，也可通过舰载或机载的侦察设备对中国、朝鲜沿海及内陆地区情况进行近距离侦察，因此遭到了中国和朝鲜的坚决反对，可见，外力介入黄海也是黄海沿岸国家之间的一个冲突点。

第三节　未来黄海海域划界及管理

将来对于黄海的划界和管理事关中国、朝鲜和韩国三国关系的平稳健康发展和东北亚的和平与稳定，因此，三国政府必须要认真审慎应对有关黄海的划界争议，妥善处理相关分歧，为把黄海建设成"和平之海""友谊之海"而努力。

一、关于黄海划界的观点

由于黄海划界问题比较复杂，涉及到中朝韩三国间政治关系、历史记忆、经济利益等诸多因素的限制，因此绝非一朝一夕可以解决的。早日解决黄海海域的划界问题有利于维护地区的和平与稳定，学术界从国际法的角度对黄海划界提出了若干建议。

（一）"大陆架"制度和"专属经济区"制度分开划界

有学者建议中朝和中韩应该分别按照"大陆架"原则和"专属经济区"原则分开的方式对黄海进行划界，以解决专属经济区重合的问题。根据国际法的一般原理，大陆架是指环绕大陆的浅海地带，它是陆地领土向海洋的自然延伸，通常被认为是陆地的一部分。就黄海而言，因为中国、朝鲜和韩国在黄海海域是共同处于同一个大陆架，因此可以考虑从海底地质构造、海底地形地貌等地理因素来划定三国间的大陆架分界线。根据《联合国海洋法公约》的规定，沿海国有权在其毗邻领海外，将从领海基线量起最大宽度不超过 200 海里的特定法律制度的海域划为"专属经济区"，而黄海的实际宽度只有 300 多海里，远远不足 400 海里，如果按照"专属经济区"制度，中朝之间和中韩之间的"专属经济区"要求必然会交叉和重叠，既然这是黄海海域实际存在的状况，那么中朝和中韩之间的重叠部分的"专属经济区"划分就只能通过和平协商的方式，遵照公平公正的原则进行划分。[1]

（二）以"等比例线"和调整"中间线"原则划界

有学者认为，考虑到国际司法判例和国际划界实践，中国和朝鲜在黄海海域的划界应该在北黄海以"等比例线"和调整的"中间线"两条线来划界。而中国和韩国之间的划界也应该在南黄海以"等比例线"和调整的"中间线"两条线来划界。

就中朝划界而言，可以以"岸线"[2]作为北黄海的划界起始线，并且依照起始线划出中朝之间的等比例线，然后再以此为依据进行海上划界，这样可以确保相对公平。目前关于中国岸线和朝鲜岸线之间的长度比例有 1：0.5 和 1：0.6 两种不同观点。尽管存在分歧，但是中国和朝鲜完全可以通过平等协商来解决。关于调整中间线，中朝双方可以基于历史性捕

---

[1] 季国兴：《中国的海洋安全和海域管辖》，上海人民出版社 2009 年版，第 329 页。

[2] "岸线"，英文名为"waterfront"，具体是指一方以水为界的地区边线，国际海洋法上是指海岸一般方向线。

鱼权利、沿岸经济社会发展以及岛屿归属等相关因素的考虑进行划分。这都需要中朝双方的协商。同样，中韩黄海海洋划界也可以遵照上述原则。

中国的等比例线可以用大陆陆地领土的岸线结合一些岛屿的海岸线作为起始线。目前关于中国岸线长度和韩国岸线长度之间的比例也存在分歧，分别有 1：0.6 和 1：0.8 两种不同观点。为了确保等比例线的公平，中韩也可以友好协商具体比例。关于调整中间线的确定，中韩双方也可以根据相关因素进行协商。[1]

（三）接受国际仲裁

有人曾经建议，考虑到黄海在东北亚地区所拥有的至关重要的战略地位，中国、朝鲜和韩国三方尽快进行海上划界谈判及早日完成最终划界有利于黄海地区和整个东北亚地区的和平与稳定，也有利于东北亚区域一体化进程。如果黄海划界争议长期无法解决，那么可以考虑接受《联合国海洋法公约》规定的国际海洋仲裁法庭的仲裁。由于朝鲜至今还没有批准加入《联合国海洋法公约》，而中韩都已经加入，因此南黄海海域的中韩划界争议可以提请国际仲裁，而北黄海海域的中国朝鲜划界争议只能通过双边谈判协商解决。

二、未来黄海的管理构想

鉴于中国、朝鲜和韩国三国在可预见的将来尚不能尽快达成划界协议，出于维护黄海地区和平与繁荣稳定的考虑，那么三方就应该考虑探讨对黄海进行合作管理的方案和模式。

经研究发现，目前国际上对有争议海域进行共同开发的模式主要有 4 种：第一，"超国家管理模式"，即签约双方同意将本国对争议海域共同开发的管辖权让渡给一个超国家机构进行管理；第二，"双方政府共同管理模式"，即签约双方对争议海域进行排他的协调共同管理，并不让渡双方

[1] 季国兴：《中国的海洋安全和海域管辖》，上海人民出版社 2009 年版，第 330—331 页。

固有的管辖权；第三，"代理制模式"：即签约双方中的一方或双方委托第三方，对争议海域的特定开发项目进行管理和开发，现在国际通行的一般是对争议海域的石油、天然气资源进行代理开发；第四，"合资机构共同经营模式"，即签约双方政府授权各自的租让权法人进入有争议海域的共同开发区，对某一具体项目进行合作开发。[1]

就黄海海域划界争议而言，中朝韩三方也可以借鉴国际经验，对黄海有争议的海域进行协商管辖。上述4种管理模式分别适用于不同的国际条件和地缘环境中，因此各种模式都有其自身的独特性。

国际争议海域的划界和管理本来就是纷繁复杂的，很难希望能用一种固定的模式去解决所有的争议难题。同样，黄海海域有着东北亚非常复杂的地缘政治环境和大国博弈的背景，对黄海争议海域的共同管理需要三国的政治智慧和通力合作，尽管会面临诸多困难，但是中朝韩三方还是应该积极努力。

由于目前黄海争议海域当事国中的朝鲜国情比较特殊，而且朝鲜和韩国关系比较紧张，并且朝鲜和韩国关系在可见的将来依然充满变数，因此将来对黄海争议海域的管理也就应该循序渐进地逐步推进，进而推动三方在将来时机成熟时彻底解决黄海海域的划界争议。

首先，中朝和中韩可以分别在黄海海域实施共同开发。中国对待争议海域的基本立场是"搁置争议、共同开发"，而且目前在世界范围内，各国对待争议海域的一般做法也是基于广泛共识基础上的共同开发。鉴于目前在朝鲜和韩国之间开展共同开发还有很多障碍，因此可以先分别从中朝在北黄海的共同开发和中韩在南黄海的共同开发为基础，逐步推进黄海争议海域的有序开发。

有一部分学者认为，中国和韩国在南黄海的重叠区可以基于假想的等比例线为东端，重叠区的西端是韩国的矿区线，因此如果中韩之间实现联合开发，就可以选择在东端的等比例线和西端的矿区线之间进行共

---

[1] 蔡鹏鸿：《争议海域共同开发的管理模式：比较研究》，上海社会科学院出版社1998年版。

同开发。[1]

对于中国和朝鲜在北黄海海域的共同开发，也可以遵循同样的原则，由中朝双方友好协商解决。2005 年 12 月 24 日中国国务院副总理曾培炎与朝鲜内阁副总理卢斗哲签署了《中朝政府间关于海上共同开发石油的协定》，就是双方探索共同开发黄海石油资源所进行的一次重要努力。

其次，也可借鉴"双方政府共同管理模式"，对黄海争议海域进行有效的联合监管。"双方政府共同管理模式"的核心就是在争议海域设立共同开发区，把最高政策决策同具体的经营操作管理严格地区分开来，也就是把共同开发的真正权利集中于签约国双方政府之间的决策层，而把海洋资源管理和开发功能授权给诸如双方联合管理委员会或者双方联合执法管理局这样的执行机构去处理，这样一来既可以保证双方政府对敏感争议海域直接有效的管理和监控，同时又可以保持具体开发过程的灵活性。中韩之间已进行了十几轮的海洋法磋商，双方重点就海域划界问题进行讨论，并就海上资源开发和海洋科研合作等共同关心的海洋法问题交换了意见。这是一个推动双边海上合作的十分重要的沟通渠道。鉴于朝韩关系比较紧张的现实，将来在黄海海域可以分别推行中国和朝鲜在北黄海的合作以及中国和韩国在南黄海的合作，在条件成熟时，朝鲜和韩国之间也可以推动双边的合作。

第三，将来如果中朝韩三边关系发展取得重大进展，尤其是朝鲜和韩国实现了民族和解，那么在三边政治互信加强的基础上，也可以考虑在黄海争议海域实施"超国家管理模式"共同管理黄海争议海域。将来如果条件成熟，甚至可以成立超国家的"黄海共同管理委员会"，以专门管理和协调三国在黄海争议海域的开发工作。但是从目前来看，这种可能性很小，因为朝韩之间从政治和军事层面来讲仍然处于敌对状态，要想在黄海争议海域实施"超国家管理模式"是不大可能的。

第四，从目前来看，鉴于东北亚的安全形势和地缘政治的考虑，在黄

---

[1] 季国兴：《中国的海洋安全和海域管辖》，上海人民出版社 2009 年版，第 331 页。

海争议海域实施"代理制模式"和"合资机构共同经营模式"都不太现实。目前，东北亚各国间普遍缺乏政治互信，并且地区国际形势比较敏感，如果采取"代理制模式"和"合资机构共同经营模式"引进了外部势力，势必会让黄海和东北亚的安全形势更加复杂化和敏感化。在目前朝鲜半岛和平局面比较脆弱的背景下，黄海的管理也就随之会很微妙，即使在可见的将来，只要朝鲜半岛安全局势没有根本的改观，这种复杂而微妙的局面势必会继续延续下去，进而任何外部势力的介入都有可能打破地区内原有的脆弱的力量平衡。因此就目前和可见的将来而言，在黄海的海域管理中，相关各方恐怕不宜采用"代理制模式"和"合资机构共同经营模式"。

第五，对于黄海的管理，有关各方应该从维护黄海和东北亚地区和平与稳定的大局出发，而不应该囿于本国短期的眼前的国家利益而做出有损黄海和东北亚地区稳定的事情。

2010 年 5 月，韩国发生了"天安号"事件，随后韩国便宣布将在黄海海域举行韩美联合军事演习，由于演习地点靠近中国，部分中国民众反应激烈；中国外交部和中国军方也相继表态，反对此次美韩黄海演习。但是韩国仍然不顾中国和朝鲜的强烈反对，于 7 月同美国一道在黄海海域举行联合军事演习，对黄海地区乃至东北亚的和平与稳定产生了较大的负面影响。

韩国执意拉拢美国进行黄海军演，不仅不利于维护黄海地区的和平与稳定，而且不利于保障和维护韩国的国家利益，与韩国的初衷事与愿违。韩国此举也不利于建设东北亚地区各国间的政治互信，韩国为了一国的绝对安全而导致了黄海地区和东北亚各国的普遍不安全，可以说，韩国的韩美黄海联合军演是损人不利己。今后，维护黄海地区的和平与稳定应该是黄海有关各方的基本共识。

总之，对于黄海的管理在一定程度上会影响到东北亚地区的和平与稳定，因此对于中朝韩三方而言，对于黄海的管理必须要慎重，否则牵一发而动全身，稍有不慎就很有可能会触及东北亚脆弱的安全平衡进而导致地区局势紧张，这对于东北亚地区的和平与发展而言绝非幸事，因此，对于黄海争议海域的管理必须慎之又慎。

第四节　苏岩礁因素

苏岩礁地处东海海域，但因涉及与韩国的海域划界问题，故在此一并说明。应该说，苏岩礁问题是中韩两国整个海域划界中的需要考虑的因素。

一、苏岩礁的自然地理及历史

苏岩礁（Suyan Islet）处于韩国济州岛和中国长江口连线，是位于中国东海北部海域的一座水下暗礁，靠近黄海的南部，准确位置是北纬32度07分42秒，东经125度10分45秒，距离中国江苏南通和上海崇明岛以东约150海里，距离中国舟山群岛最东侧的中国领海基线童岛约132海里（247千米）[1]距离韩国济州岛西南82海里（149千米），离日本鸟道151海里（276千米）。顾名思义，苏岩礁即"江苏外海之岩石、海礁"之意，其附近还有虎皮礁、鸭礁和丁岩礁。该礁石实际上在低潮时仍处在海面以下，礁顶离海面约4.6~5.4米，因此不具有领土的性质。该礁体深达40米，南北长约1600米，东西宽约1100米，面积约1.76平方千米，周围地形复杂。

苏岩礁在地质学上属于古老的长江水下三角洲的一部分，是江苏外海大陆架延伸的一部分，属于东海海区，在地质学上属东海的"海底丘陵"，因此也就处于东海大陆架上，它与江苏外海的麻菜珩、外磕脚两沙洲岛和嵊泗列岛东边的余山岛、鸡骨礁、舟山群岛东北侧的童岛共同组成了中国东海的外围岛礁链，而这些外海岛礁大部分在行政关系上隶属于江苏省启东市东海乡兴旺村临水村艮组管辖。

苏岩礁附近海域自古以来都是中国山东、江苏、浙江、福建和台湾五

---

[1] 童岛又名"海礁岛"，位于舟山群岛东北侧，是中国领海基点之一。

省渔民活动的传统渔场，至今中国江浙沿海一带还流传着许多与苏岩礁有关的民间故事和传说。中国古文献很早以前就对苏岩礁的存在有过记载和说明，古代人们所撰写的游记也曾提到东海深处的苏岩礁。例如，据《山海经·大荒东经》卷十四记载，"东海之外，……大荒之中，有山名曰猗天苏山。"学术界认为，这里所说的"苏山"正是苏岩礁。[1] 隋唐以来，日本、高丽沿海路来中原王朝进贡的使臣和留学生，以及唐、宋、明、清历代东渡日本的中华人士均曾目睹过苏岩礁，并留下了文献记载，历史古籍确认苏岩礁属中国无误。1880—1890年，苏岩礁的位置被明确标注在清政府北洋水师的海路图中。清末民初地质学、地理学进步以后，证实了苏岩礁的地理位置位于东海大陆架上，是中国大陆架海底部分的延伸。中国清政府北洋水师明确将东海苏岩标注进军事海路图中，比韩国早100多年。1900年，不明真相的英国商船"索科特拉号"自以为首先发现了苏岩礁，并擅自以其船名给苏岩礁命名。1910年，英国商船"海中女巫号"测得苏岩礁距离水面5.4米。1938年，日本计划侵占苏岩礁并在礁上建立钢筋水泥研究站，但因第二次世界大战爆发而未能得逞。1944年12月，美国军舰"冰鱼号"对苏岩礁进行了战时考察。

中华人民共和国建立后，中国方面一直关注着苏岩礁。20世纪50年代，中国人民解放军海军东海舰队对苏岩礁进行了勘查。1963年5月1日"跃进号"货轮触礁沉没后，我国政府指派中国海军东海舰队和上海市海难救助打捞局对苏岩礁进行了详细的调查，交通部测量大队对苏岩礁进行了新中国成立以来的首次精密测量，并记录在我国海图上，这事实是一种向国际社会宣示权益的行为，而当时包括韩国在内的国际社会并未对此提出任何异议。1992年5月，中国海军北海舰队海测大队对苏岩礁及其附近海域进行了全面调查测量。[2] 至此，东海上并不存在所谓的"苏岩礁问题"。

1994年《联合国海洋法公约》生效后，历史上并不存在争端的所谓"苏

[1] 王小波编著：《谁来保卫中国海岛》，海洋出版社2010年版，第148—149页。

[2] 参见江淮：《话说苏岩礁》，《世界知识》，2009年第21期，第67页；王小波编著：《谁来保卫中国海岛》，海洋出版社2010年版，第148—149页。

岩礁问题"逐渐浮出水面。目前，韩国虽然一再声称苏岩礁自古属于韩国，但是令人深思的是，韩国却对所谓的属于韩国的苏岩礁的名字都弄不清楚。韩国独立后，一直想当然地随西方称苏岩礁为"索科特拉岩"（SocotraRock）；1984年韩国电视台称苏岩礁为"波浪岛"；2001年韩国地理研究院又将苏岩礁改称为"离於岛"（Ieodo）。事实上，韩国对苏岩礁的了解和认识要远远晚于中国。

1952年，韩国政府单方面提出所谓的"李承晚线"[1]，擅自将苏岩礁划入韩国海域。所谓的"李承晚线"只是韩国人单方面的宣示，从未得到国际社会的承认。1970年，韩国国会通过《水下资源开发法》，又将苏岩礁列入其"第四水下开发区"。尽管如此，1984年，韩国济洲大学和韩国KBS电视台联和组成考察队，对苏岩礁海域进行考察，才首次确认苏岩礁的存在和具体位置，并想当然地称其为"波浪岛"。此后，韩国开始了一系列秘密活动，试图将苏岩礁据为己有。1987年，韩国济州地方海洋水产部门才正式将苏岩礁标记为"离於岛"；同年，韩国在苏岩礁上擅自设立了航海浮标。2001年1月，韩国国立地理院、中央地名委员会决定将"波浪岛"正式变更为"离於岛"。[2]

从2000年下半年开始，韩国斥巨资单方面在苏岩礁最高峰的南侧65米处打桩修建了一座类似于海上石油钻井平台的巨大的钢筋建筑物，韩方称其为所谓的"韩国离於岛综合海洋科学基地"。这座建筑物重约3600吨，占地面积约1320平方米，高76米，其中水下部分40米，水上部分是36米，于2003年6月正式竣工。该建筑平台由水上、水下和岩基三部分构成，其中水上主体部分高出海面30多米。平台上层建筑自上而下共有上甲板、主甲板、下甲板、中甲板、作业通道甲板5层，总面积约1900平方米。其中上甲板的高度为海拔33.5米，面积约460平方米，上甲板上设有灯塔、通讯设备、太阳能板、观测仪器、风力发电机、消防装置、水箱以及闭路电

[1] 1952年1月，当时的韩国政府为了宣示海洋主权范围及保护当地的水产物，单方面在日韩两国之间存有主权争议的日本海域划定了一条海上分界线，韩国称之为"和平线"，日本拒不承认，称其为"李承晚线"。
[2] 王小波编著：《谁来保卫中国海岛》，海洋出版社2010年版，第151—152页。

视监视系统等设施；主甲板海拔高度为 29 米，面积 430 平方米，设有系统控制室、实验室、卧室、会议室、电瓶室、空调机房、厨房、盥洗室以及救生艇等设施；下甲板的海拔高度为 24 米，面积为 318 平方米，设有内燃机动力装置、污水处理设备、雨水收集存贮仓以及自动升降梯等设施；中甲板的海拔高度为 16 米，面积为 103 平方米，设有闭路电视监视系统以及各种观测设备等；作业通道甲板的海拔为 8 米，面积 100 平方米，设有观测设备和小艇停靠码头。[1]

韩国在这座建筑物的顶层还建有面积为 524 平方米的直升机停机坪，平台中的生活设施和码头可以供定期轮换的所谓研究人员使用。韩方驻守人员 15 天轮换一次，尽管如此，韩方还在建筑物中安装有监视警报仪器，警报仪器的主要用途就是确保在无人状态下也可监视附近海域，并对靠近基地的人员和船只发出警报。[2]

为了确保设施的正常有效运转，韩国海洋研究院每年都会派人定期登岛对上述设备进行专业保养维护，据报道，韩国政府每年投入该基地的维护经费高达 7 亿韩元，约合 73 万美元。韩国每年都会打着进行海洋和地球环境变化研究的旗号在苏岩礁附近海域进行各种资源勘探活动，除此以外，韩国政府还派出舰艇和飞机经常巡视苏岩礁及其附近海域。[3] 韩方此举无非是想向外界证明其对苏岩礁的所谓"实际占有和控制"，但其单方面行动不能产生任何法律效率。

2006 年 9 月中旬开始，韩国媒体开始大量炒作所谓"中国对'离於岛'的监视活动"，称中国要"抢夺"韩国"领土"，韩国国内舆论几乎一边倒地批评和指责中国。

2006 年 9 月 14 日，中国外交部发言人就苏岩礁问题代表中国政府明确表态。次日，韩国外交通商部马上发表评论称，苏岩礁从地理上看更接

[1] 郁志荣：《对韩国在苏岩礁建造海洋环境观测平台的几点思考》，载《海洋开发与管理》，2007 年第 3 期，第 75—76 页。
[2] 江淮：《话说苏岩礁》，《世界知识》2009 年第 21 期，第 67 页。
[3] 王小波编著：《谁来保卫中国海岛》，海洋出版社 2010 年版，第 153 页。

近韩国，韩国坚持宣称苏岩礁在中韩进行专属经济区划界之前就是属于韩国的专属经济区。韩方认为在苏岩礁上建设并运营海洋科学基地，是合理行使韩国的权利，也符合《联合国海洋法公约》。[1]

为了强化对苏岩礁的权益，在 2007 年 8 月，韩国济州道议会曾表示要设立"离於岛日"，后不了了之。2008 年 2 月，相关工作被交给农渔畜与知识产业委员会负责。济州道议会原计划于 2008 年 3 月对条例案进行审议，但韩国外交通商部以新政府刚成立之际有可能引发同中国的外交摩擦，且一旦中国抗议会造成"离於岛是国际争议海域印象"为由，要求暂时保留，因此被推迟。根据该条例案，济州岛地方政府将在纪念日举行纪念活动、学术研究及考察等各种活动，提供行政和财政支持。[2]2008 年 6 月 25 日，韩国济州道议会农渔畜与知识产业委员会通过条例案，将 1 月 18 日定为所谓"离於岛日"。

值得注意的是，韩国现在还对外极力宣称不具有领土性质的苏岩礁是其最南端的国土，事实上，有史以来韩国所宣称的国土的最南端是非常明确的，那就是济州岛慕瑟浦港以南 11 千米的马罗岛（东经 126 度 16 分，北纬 33 度 6 分，面积 0.3 平方千米），岛上竖有写着"大韩民国最南端"的汉字碑一座。

韩国众多传统历史文献也佐证了这一点。例如，1907 年韩国微文馆出版的由张志渊所著的《大韩新地志》卷一第二章，以及同一年由韩国广德书馆出版的安钟和与柳瑾所编撰的教科书《等初大韩地志》第一卷第一课韩国的"位置与境界"中都明确表明了韩国领土的范围，其中并不包括苏岩礁。《等初大韩地志》中明确界定了当时朝鲜的国土范围是"从北纬 33 度 13 分到 43 度 2 分"；而在《大韩新地志》中，也明确写明了当时朝鲜"最南端的地方是济州岛的慕瑟浦，位于北纬 33 度 46 分"，而苏岩礁所在地的经纬度是北纬 32 度 07 分 22.63 秒，东经 125 度 10 分 56.81 秒，显然不在

[1] 观宇：《韩国欲争东海苏岩礁》，2006 年 11 月 25 日，新浪网新闻中心（http://news.sina.com.cn/w/2006–11–25/093410593771s.shtml）。

[2] 王小波编著：《谁来保卫中国海岛》，海洋出版社 2010 年版，第 156--157 页。

韩国传统的国土面积范围之内。

韩国之所以极力主张对苏岩礁及其周围海域的权益，具有多重因素的考量。首先是法律因素。根据《联合国海洋法公约》的有关规定，沿岸国在专属经济区内拥有诸多排他性管辖权，该公约第 56 条规定："沿海国在专属经济区内有以勘探和开发、养护和管理海床上覆水域和海床及其底土的自然资源（不论为生物或非生物资源）为目的的主权权利，以及关于在该区内从事经济性开发和勘探，如利用海水、海流和风力等其他活动的主权权利"；同时，沿岸国还拥有对专属区内"人工岛屿、设施和结构的建造和使用，海洋科学研究以及海洋环境的保护和保全"等管辖权。[1] 韩国如果拥有苏岩礁，将拥有上述广泛的权利，这是韩国极力主张苏岩礁管辖权的主要国际法层面的原因。其次，经济因素。韩国国土面积狭小，能源缺乏成为了制约其经济发展的重要瓶颈，而东海海域具有丰富的油气资源，据推测，在包含苏岩礁在内的东中国海一带，可能埋藏有 1000 万桶原油和 72 亿吨的天然气。如果能占有苏岩礁，韩国就可以在将来的油气资源争夺中获取相对优势地位。此外，因为东海海域的渔业资源很丰富，韩国认为占有苏岩礁并扩展其专属经济区面积以后，可以提升其渔业发展。最后，政治因素。从地缘政治的角度看，苏岩礁战略地位极其重要。韩国 90% 的海上出口货运量都经过苏岩礁南部海域，因此控制苏岩礁对韩国国家安全具有重要的战略意义。因此，如果控制了苏岩礁，可使其成为韩国的重要战略支点，可谓一举多得。[2]

二、苏岩礁的法律地位

苏岩礁位于中国领海和 200 海里的专属经济区内，并且距中国领海基线童岛 132 海里。就海底地质结构而言，它与朝鲜半岛也并不相连，并且

---

[1]《联合国海洋法公约》，引自联合国官方网站（http://www.un.org/zh/law/sea/los/article5.shtml）。
[2] 刘亚丁. 苏岩礁的法律定位及其意义. 世纪桥. 2008（3）：68~69.

与韩国没有任何政治、历史、文化和法律上的直接联系。

韩国虽然在苏岩礁问题上也明确承认中韩不存在领土争端，并且向中方表示"苏岩礁不影响两国专属经济区划界"，但其具体立场和态度模糊。[1]韩方坚持声称，苏岩礁属于"韩国专属经济区内"，在苏岩礁上建设并运营海洋科学基地符合《联合国海洋法公约》。事实上，韩国在苏岩礁上单方面强行建造观测站是违反《联合国海洋法公约》相关规定的。

苏岩礁在低潮时仍处在海平面以下，离海面最浅处仍有 4.6 米，因此苏岩礁绝对不是国际法意义上的"岛"，而只是一块海底礁石，中文名字"苏岩礁"已经很明确地表明了苏岩礁的法律属性，而韩方取名为岛是不科学的。根据《联合国海洋法公约》第 121 条第 3 款的规定，"不能维持人类居住或其本身的经济生活的岩礁，不应有专属经济区或大陆架。"[2]苏岩礁是水下暗礁，显然属于此例，因为它不具备同岛屿一样的作为陆地领土的法律地位，也就不能成为海域划界的基点。

韩方有的学者曾提出以"低潮高地"为基础主张对苏岩礁的管辖权。但是《联合国海洋法公约》第 13 条第 1 款对"低潮高地"有明确的界定，公约规定，所谓"低潮高地"是指"在低潮时四面环水并高于水面但在高潮时没入水中的自然形成的陆地"。该公约第 13 条规定："如果低潮高地全部或一部分与大陆或岛屿的距离不超过领海的宽度，该高地的低潮线可作为测算领海宽度的基线。如果低潮高地全部与大陆或岛屿的距离超过领海的宽度，则该高地没有其自己的领海。"[3]苏岩礁在低潮时仍然位于水面以下，因此，苏岩礁很明显不是所谓的"低潮高地"，因此也就不能作为测算领海宽度的领海基点。

可能正是基于上述考虑，韩国将苏岩礁称为"岛"以混淆视听，并在苏岩礁礁体上修筑永久性建筑物，可见韩国的用意颇深，试图通过控制苏岩礁而掌握其周围海域的渔业和油气资源。

[1] 江淮：《话说苏岩礁》《世界知识》，2009 年第 21 期，第 67 页。
[2] 《联合国海洋法公约》，引自联合国官方网站（http://www.un.org/zh/law/sea/los/article8.shtml）。
[3] 参见《联合国海洋法公约》，引自联合国官方网站（http://www.un.org/zh/law/sea/los/article2.shtml）。

事实上，苏岩礁完全不符合"岛"的国际法定义，根据《联合国海洋法公约》第 121 条第 1 款的规定，所谓"岛屿"是指"四面环水并在高潮时高于水面的自然形成的陆地区域"。[1] 而苏岩礁在低潮时仍位于海平面以下，离海面最浅处仍有 4.6 米。

即使韩国费尽心思在苏岩礁体上非法建筑人工设施作为人工岛，也不能改变这一事实，因为《联合国海洋法公约》明确规定了人工岛屿不能成为划分海域的依据。《联合国海洋法公约》第 60 条第 8 款规定："人工岛屿、设施和结构不具有岛屿地位。它们没有自己的领海，其存在也不影响领海、专属经济区或大陆架界限的划定。"[2] 因此，苏岩礁是不能用来主张专属经济区和大陆架的。

针对韩国在苏岩礁及附近海域的单方面行动，中国政府向韩方多次提出交涉，中国海监船舶和飞机对苏岩礁也实施了巡航监视。

中国政府对苏岩礁问题的立场和明确表态可以追溯至 2006 年 9 月 14 日中国外交部发言人在外交部例行记者会上的政策宣示："苏岩礁是位于东海北部的水下暗礁，中国与韩国在此不存在领土争端。中国与韩国已就专属经济区划界进行了一些磋商。苏岩礁所处海域位于两国专属经济区主张重叠区。2000 年和 2002 年，中方两次就韩方在苏岩礁修建海洋观测站问题向韩方提出交涉，反对韩方在两国专属经济区主张重叠海域的单方面活动。韩方表示苏岩礁不影响两国专属经济区划界。中方在苏岩礁问题上的立场是一贯的、明确的，韩方的单方面行动不能产生任何法律效果。"[3]

2007 年 4 月 5 日，中国国务院总理温家宝在接受韩国新闻媒体记者联合采访时明确表示："中韩之间不存在领土问题，这是两国关系发展的重要政治基础。"[4]

---

[1] 参见《联合国海洋法公约》，引自联合国官方网站（http://www.un.org/zh/law/sea/los/article8.shtml）。

[2] 参见《联合国海洋法公约》，引自联合国官方网站（http://www.un.org/zh/law/sea/los/article5.shtml）。

[3]《2006 年 9 月 14 日外交部发言人秦刚在例行记者会上答记者问》，2006 年 9 月 14 日，参见中华人民共和国外交部官方网站（http://www.fmprc.gov.cn/chn/gxh/tyb/fyrbt/jzhsl/t271883.htm）。

[4]《温家宝总理在中南海接受韩国新闻媒体联合采访》，2007 年 4 月 5 日，引自中华人民共和国中央人民政府官方网站（http://www.gov.cn/ldhd/2007-04/05/content_573227.htm）。

2012 年 3 月中国外交部新闻发言人刘为民指出："中方关于苏岩礁的立场是明确的，苏岩礁所处海域位于中韩专属经济区主张重叠区，其归属须双方通过谈判解决。在此之前，双方都不应在该海域采取单方面举动。同时，中韩双方就苏岩礁问题也是有共识的，即该礁不具有领土地位，中韩双方不存在领土争端。"[1]

中韩关于苏岩礁问题已有的分歧在于苏岩礁位于中韩两国专属经济区主张重叠区，苏岩礁问题也就属于东海大陆架划分问题。而东海大陆架划分问题同中韩黄海划界问题又是联系在一起的，因此在中韩两国关于争议海域的划界谈判中，这两者不应该分割开来，中韩两国应该将苏岩礁问题同中韩黄海划界问题做通盘考虑，确定共同的原则和方案，以促成苏岩礁问题的早日解决。

[1]《2012 年 3 月 12 日外交部发言人刘为民举行例行记者会》(http://www.fmprc.gov.cn/chn/pds/wjdt/fyrbt/t913202.htm)。

第三章 东海的自然状况、历史与现实

　　东海位于广袤中国海疆的中部海域，因位于我国东部而得名，与渤海、黄海、南海一起环卫着中华大地，是东北亚、东亚、东南亚海上联系的纽带，对于中国的国家安全与发展具有十分重要的意义。东海在明朝时被称为"大明海"，清朝则被称为"皇海"，意为大清皇朝之海。东海大陆沿岸是中国发达的华东经济区，拥有众多繁华的港口、城市，东海东侧海域则分布着琉球诸岛，弧形包围着东海。东海扼守着太平洋西部边缘南北航路的要冲，有大隅和琉球等水道与太平洋相通连，是中国进入太平洋的重要通道。目前，中日东海之争已经成为诸多海洋划界争议中较为紧迫的一个。因此，全面分析中国东海疆域问题，对促进中日海洋权益争端的解决、维护我国海洋权益和领土主权具有重大意义。

第一节　东海的自然地理和海域问题

东海又名东中国海，是指中国东部长江的长江口外的大片海域。东海位于北纬 23 度 ~33 度 10 分和东经 117 度 11 分 ~131 度之间，是西北太平洋的边缘海之一，在构造上位于欧亚板块和菲律宾板块作用的交汇地带，是太平洋沟—弧—盆体系的典型发育地区。从地理位置来讲，东海的西北与黄海相接；东北以济州岛东端至日本九州长崎岛的野姆崎角一线与朝鲜海峡相连；东靠日本九州、琉球群岛及我国台湾省；西接上海市和浙江、福建两省；南以福建省与广东省交界处的南澳岛和台湾省南端的鹅銮鼻的连线为界。东北至西南长度约 1300 千米，东西宽约 740 千米，总面积约为 70 多万平方千米。在东海，中国海岸线长度为 748 千米，日本岸线长度为 415 千米；中日之间东海最窄处约 160 海里，最宽处不超过 360 海里。

浪涛万顷、一望无际的东海，自古以来就是人们向往的海洋。古时人们对它生畏，传说那里有东海龙王；现在人们对它迷恋，因为那里有明媚的风光和丰富的矿产资源。无论是从战略价值还是经济利益上讲，东海都是我国的无价之宝。

渔业资源。作为我国传统渔业区，东海是我国人民赖以生存的海上领土。我国人民最早发现、开发和利用东海，对东海的开发利用史长达数千年，东海中数量众多的鱼、虾、蟹、贝类等生物资源哺育了我国历朝历代的人民。广阔的东海大陆棚海底平坦，水质优良，日本的千岛寒流与西太平洋暖流的汇合，搅动海水使海底的营养物质上泛，为各种鱼类提供良好的繁殖、索饵和越冬条件。目前，在东海发现的鱼类有 700 多种，暖水性和暖温性种占大多数，加上虾、蟹和头足类，渔业资源可达 800 多种。东海有我国著名的舟山渔场，被称为中国海洋鱼类的宝库，大小鱼类 365 种，主要盛产大黄鱼、墨鱼、带鱼，是浙江省、江苏省、福建省和上海市 3 省1 市渔民的传统作业区域，与苏联的千岛渔场、加拿大的纽芬兰渔场、秘鲁的秘鲁渔场齐名。

港口资源。东海的优良港湾很多，东海的港口区主要有上海港、宁波港、舟山港、大麦港、乍浦港、温州港、福州港、厦门港、三都澳和东山港。其中上海港、宁波港均属全国沿海十大港口之列，尤以上海港居首。上海港位于长江下游黄浦江口，这里航道深阔，水量充沛，江内风平浪静，宜于巨轮停泊，自 2010 年起上海港成为世界最大的集装箱港口，2011 年上海港集装箱吞吐量达到 3174 万标准箱。宁波港是中国大陆主要的集装箱、矿石、原油、液体化工中转储存基地，华东地区主要的煤炭、粮食等散杂货中转和储存基地。宁波港有 25 万吨级原油码头，20 万吨级（可兼靠 30 万吨船）的卸矿码头，第六代国际集装箱专用泊位以及 5 万吨级液体化工专用泊位；并已与世界上 100 多个国家和地区的 600 多个港口通航。

油气资源。美丽富饶的东海是蕴藏量巨大的能源宝库。经过 30 余年的油气勘探，目前在东海海域圈定局部构造约 300 个；发现了残雪、断桥、天外天、春晓、平湖、宝云亭、武云亭、孔雀亭、丽水 36-1 共 9 个油气田和玉泉、孤山、龙二、龙四及石门潭 5 个含油气构造；探明储量约 88 亿吨（油当量）。现有的油气地质研究与勘探实践表明，东海海域蕴藏有丰富的油气资源，具有广阔的油气勘探前景，但由于受复杂地质特征和低油气勘探程度的制约，目前对东海海域的油气分布规律和勘探选区的认识仍显薄弱，亟待深化。

矿产资源。东海的金属矿产也十分丰富，钴、锰、镍等稀有金属蕴藏量惊人，可以用来制造航天航空器件、精密机床。在冲绳海槽轴部，分布着含有铅、锌、铁、金、银等的多金属固体矿藏。福建和台湾两省则分布着海滨砂矿。其特点是矿种多、分布广、规模大。主要有磁铁矿、钛铁矿、锆石、独居石、金红石、磷忆矿、砂金和石英砂。在大陆架的南部蕴藏着丰富的煤矿资源，台湾已进行了大规模开采。此外，东海的海盐生产潜力巨大，盐田总面积 3 万平方千米，年原盐生产能力 3 万余吨。[1]

[1] 李京京：《东海海洋资源潜力及相关产业的发展》，《国土与自然资源研究》2000 年第 3 期，第 2 页。

旅游资源。东海沿海大部分地带地处亚热带临近热带。兼有"阳光、沙滩、海水、空气、绿色"等旅游资源的基本要素，加之该地区开发历史悠久，保存有丰富的历史文化遗迹，旅游资源种类繁多，数量丰富。东海地区的旅游区大约有 40 个，其中杭州西湖、舟山普陀山、温州雁荡山、福建福鼎、太老山、厦门鼓浪屿为国家级风景旅游区。杭州、绍兴、宁波、福州、泉州、漳州以及台湾省的基隆与台北都为中国历史文化名城。此外还有 10 个省级风景名胜和最佳风景区。

总体来看，可以用 3 个大的地理单元来看待东海。

（一）东海大陆架及海底储油盆地

东海海域水深由西北向东南逐渐加大。从整体来看，东海是一个大陆架比较宽的海域，沉积盆地面积大，沉积层厚，利于油气的形成，因此东海海域油气资源丰富，但是至今还没有被大规模开发，尚处在起步阶段。东海大陆架盆地总面积 25 万平方千米，有效勘探面积 24 万平方千米，是中国目前发现的 7 个大型沉积盆地中面积最大、油气远景最好的沉积盆地。

当今中国对于东海油气的勘探主要集中在西湖凹陷和丽水凹陷。西湖凹陷位于上海东南方约 500 千米，被认为是中国近海海域最有油气前景的油气构造带之一。根据 2003 年的统计资料，西湖凹陷已获石油探明、控制和预测储量计 20×108 吨，已获天然气探明、控制和预测储量计 23770×108 立方米，已发现的探明加控制储量仅为总资源量的 3.8%，仅次于西湖凹陷的丽水凹陷也具有相当大的油气资源潜力和良好的勘探前景。因此国外有人认为，东海是世界石油远景最好的地区之一，而且东海天然气储量潜力可能比石油还要大。中国地质学家李四光生前曾预言，"中国未来海上石油的远景在南海和东海"。据估计，埋藏在东海的石油和天然气资源相当于黑海的蕴藏量，约为 72 亿吨。这令人目眩的石油储量无疑具有极大的战略意义。20 世纪末，中外专家预测，估计整个东海陆架油气资源为 5×1014 气当量，有望成为第二个中东。

（二）冲绳海槽

冲绳海槽是东海的一个特殊地理单元，位于东海陆架外缘隆褶带（钓鱼岛隆褶带）与琉球岛弧之间，从日本九州开始延伸至台湾附近，深槽状的冲绳海槽将东海大陆架与琉球群岛分隔开来。冲绳海槽呈弧形的狭长舟状，北部较浅，约 600~800 米，南部较深，水深 2500 米左右，最大水深 2716 米。冲绳海槽最宽处 150 千米，最窄处 30 千米，海槽面积约 10 万平方千米，坡度约 10 度。

冲绳海槽在地貌上和地质构造上与大陆架不同，是属于我国大陆领土自然延伸的东海大陆架和琉球群岛岛架之间的天然分界线。中国在东海大陆架划界问题上主张陆地领土自然延伸原则，认为冲绳海槽构成了两国大陆架的天然界限，进行划界时不能忽视这一具体情况的存在。但日本政府坚持按照中间线原则划界，坚称冲绳海槽只是大陆架的偶然凹陷，不具有分隔大陆架的特点，中日两国共处于同一太平洋西岸大陆架，冲绳海槽在中日东海大陆架划界上不具有法律效力。

（三）琉球群岛

琉球群岛是西太平洋的一系列岛屿，位于台湾岛与日本九州岛之间，距中国大陆沿岸约 445~704 千米，为扼控太平洋西部海域的战略要地。琉球（Ryukyu-Shoto）亦称南西诸岛 (Nansei-Shoto)，也叫琉球冲绳 (Ryukyuan Okinawa)，自日本南部的九州岛往西南延伸约 1100 千米到台湾东北，是东海与菲律宾海的分界线。从地形地貌上看，琉球群岛是西太平洋边缘岛弧的一部分，是太平洋与东海的天然分界线。琉球位于中国东南端，北方为日本列岛，由琉球、宫古、八重山三个群岛为中心的多个岛屿组成。

现阶段日本在琉球群岛行使行政权，奄美诸岛是九州鹿儿岛县的南部加长部分，而冲绳诸岛和先岛诸岛则组成冲绳县。原本的"琉球王国"，或地理概念的"琉球弧""琉球文化圈"地区，远比现在的冲绳范围大。而且"琉球弧"的岛屿，从南到北散布于 1000 千米海面，覆盖的面积甚至比日本的本州岛还大。

东海问题的产生、发展、演变，深植于中日政治、经济、军事力量的对比变化中，也与国外势力的推波助澜有关。[1]1968 年 10 月，埃默里与美国海军海洋局以及日本东海大学新野弘等美、日、韩和中国台湾的 12 位专家以及亚洲矿产资源委员会的人员，对东海、黄海海域进行实地勘测，并于 1969 年 4 月完成了《东中国海和黄海的地质构造和水文特征》（埃默里报告）的调查报告，明确指出在中国台湾与日本之间的这片海域存在一个世界规模的石油产区。近年来，中日两国海洋权益纠纷趋于紧张，包括钓鱼岛主权争议、大陆架及专属经济区划界问题在内的东海海疆问题，已经对中日两国关系的正常发展产生了严重影响。

第二节　中日东海大陆架划界及主权归属问题

说东海问题是中日之间就海域的控制范围进行划分的问题，它分为东海的海域划分和东海大陆架划分两个方面。中日之间由于所坚持的原则和立场明显不同，导致问题一直难以得到公平合理的解决。

中日两国对东海海域的基本认知和认定方式大相径庭，这成为东海划界问题久拖不决的主要原因。中日两国在东海海域划界问题上存在根本分歧。中国根据通行的国际法坚持大陆架自然延伸原则，并以大陆架的拥有范围而决定海上专属经济区的控制。日本只主张用所谓的等距离"中间线"原则来划分东海的海上专属经济区，再由专属经济区来确定海底的权利。以下我们进行进一步的分析。

一、中国在东海大陆架划界上的主张

中国政府坚持东海大陆架是大陆的自然延伸，对东海大陆架的油气资

---

[1] 张炜、方堃主编：《中国海疆通史》，中州古籍出版社 2003 年版，第 35 页。

源拥有合法权利，决不允许他国占有。对于有争议的区域，可以通过协商解决。根据《联合国海洋法公约》规定，沿海国只要能在地壳性质等方面提供足够论据，根据200米等深线划定，可以从海基线向外划出200海里大陆架，而如果之外的大陆架仍在200米等深线之上，大陆沿岸国所拥有的大陆架范围最远可以扩展至350海里。大陆架海域的水产资源及大陆架地层中蕴藏的矿产资源等自然资源属该沿岸国所有。中国的台湾与中国大陆政府的立场是一致的。

基于上述海洋法的原则，中国在中日大陆架划界问题上一直坚持大陆架"自然延伸"和公平原则，主张中国在东海的大陆架应该一直延伸至冲绳海槽。这主要基于以下几点原因。

首先，东海大陆架与冲绳海槽是两个不同的单元。根据上文对自然地理状况的介绍，我们知道，东海大陆架无论从地形、地貌还是地质上都与中国大陆有着连续性，是中国大陆在水下的自然延伸。而水深达2717米的冲绳海槽东西两侧地质构造截然不同，东侧为琉球岛弧，地壳运动活跃，西侧为一个稳定的大型沉降盆地，因而构成东海大陆架与琉球群岛岛架的自然分界线，也说明日本与中国并非共大陆架的国家，也就是说，日本并没有与中国共享东海大陆架。因此，中国主张以冲绳海槽作为中日东海大陆架划界的天然分界线。[1]

其次，日本提出的中间线划分法并不符合东海海域和大陆架的客观现实。日本无视中日并不共享大陆架的事实，否定了国际法通行的大陆架划分原则，其行为毫无道理。而它所主张的"中间线"等距离原则在一般国际法实践中是指，海岸柜句的国家完全共享一片大陆架时才适用。对于存在争议的国家间因对国际法原则认识不一致所导致的分歧，1982年《海洋法公约》第76条对大陆架的定义和第83条有相关规定，它要求基于对大陆架划界的原则性规定，强调海岸相向或相邻国家间的划界应在国际法基础上以协议划定，并得到公平解决。

[1] 张东江、武伟丽："论中日东海海域划界问题及其解决"，《世界经济与政治》2006年第4期，第37页。

再次，中国从地理、历史及国际法原则方面提出证据证明钓鱼岛列岛一直是中国的固有领土，并反对将钓鱼岛列岛作为中日东海大陆架划界的基点。钓鱼岛列岛的主权归属问题一直以来都是中日之间的纠纷所在，由于钓鱼岛列岛在东海大陆架上的特殊地理位置，其在中日东海大陆架划界中的作用和地位也成为东海大陆架划界问题中的争论焦点。

最后，根据"二战"后国际公共渔业资源管理权的惯例，各国对于自己领土的大陆架在海底的延伸部分拥有管辖权。根据这个原则，中国已经从国际海底管理局获得了位于东太平洋的 7.5 万平方千米的优先开采矿区的权利。因此，中国政府主张，对于中国大陆架自然延伸一直到日本列岛附近的冲绳海沟之间的部分拥有海洋资源的管辖权。

二、日本的划界主张

日本政府曾于 1972—1991 年、1996—2000 年两次对东海海底进行过勘探，但并未掌握海底油气资源的确切储量数据。日本试图借助联合国海洋法规定的 200 海里专属经济区水域的概念，[1] 主张在中日之间距离不足 400 海里的区域内双方应等距离的中心线划分东海的海域。如今日本坚持以下原则来划分东海大陆架。

首先，日本提出的中间线划分法。日本无视事实地认为，中日两国同处于一个大陆架上，属于共架国，因此大陆架的划分应以中间线为准。1974 年 1 月 30 日，日本和韩国签订《关于共同开发邻接两国的大陆架南部的协定》，划定了"日韩共同开发区"。日韩之间的这一协定完全是背着中国私自签订的，而双方划定的共同开发区已经超过了中日中间线而偏向中国一侧，严重侵害了中国的权益。在中日东海大陆架的划界方法上，日本在 1996 年颁布《专属经济区及大陆架法》，主张与邻国之间的专属经济

---

[1] 根据《圣地亚哥宣言》的内容"领海为领土向外延伸的 200 海里以内范围"，由此产生了 200 海里排他性经济区 (EEZ) 的概念。在 1960 年之后有关"国际海洋法条约"审议的第三次联合国海洋法会议开始逐渐成为一种主张。

区和大陆架划界均采用中间线法划分。

其次，日本否认冲绳海槽是东海大陆架与琉球群岛之间的自然分界而坚持冲绳海槽只是东海大陆架连续上的偶然凹陷，琉球海沟才是东海大陆架的终点。日本认为，日中两国处于共同大陆架，中国大陆的大陆架终止于琉球海沟，[1] 琉球群岛是大陆架外缘的岛链，冲绳海槽仅仅是大陆架上的一个褶皱、凹陷，在划界时并非决定因素。

最后，对位于东海大陆架上的钓鱼岛列岛，日本方面一直坚持对钓鱼岛列岛行使"主权权利"，并要求以钓鱼岛列岛为中日大陆架划界的基点，再向西与我国平分大陆架。

从中日两国的观点来看，中国的主张是大陆架与海洋相结合，由东海大陆架决定东海的海上专属经济区的管辖范围。显然中国的主张是科学而合理的。而日本则无视于中国大陆的东海大陆架的存在，仅仅强调所谓两国海岸相对的"中间线"划界，便试图对半平分东海海域和大陆架。日本的主张明显是十分片面的，甚至是与联合国海洋法尊重客观现实的有关原则相悖。

《联合国海洋法公约》中有规定，享有大陆架的沿海国家，如果其大陆架从领海基线量起超过 200 海里，应将有关情报提交给联合国"大陆架界限委员会"，委员会应就有关划定大陆架外部界限的事项向沿海国提出建议。中国政府尊重这一规定，曾于 2009 年 5 月，向该委员会提交了关于确定 200 海里以外大陆架外部界限的初步信息，并明确表示中国正在进行提交划界案的准备工作，并将在适当的时候提交。2012 年 9 月 16 日，中国政府明确表示，中国政府决定向《联合国海洋法公约》设立的大陆架界限委员会提交东海部分海域 200 海里以外大陆架划界案。国家海洋局相关技术准备工作已基本就绪，中国外交部边海司邓中华司长指出，国际法规定一个沿海国的大陆架是其陆地领土在海下的全部自然延伸。沿海国在

[1] 琉球海沟是沿日本琉球群岛东缘向北延伸的深海沟。位于台湾和日本列岛之间的菲律宾海中，以冲绳岛南约 90 千米处最深，达 7507 米。长 2250 千米，平均宽度 60 千米。沟底面积约 135,000 平方千米，大多被红色黏土覆盖。

其大陆架享有开发自然资源的主权权利；管辖海洋科研、环保活动的权利；以及建立和管理人工岛屿和设施的权利。这是国际法赋予沿海国的固有权利，中国政府根据国际法的这一规定，一贯主张中国在东海的大陆架自然延伸到冲绳海槽，从中国领海基线量起超过 200 海里。[1] 毫无疑问，中国的做法是合理合法的，意味着中国行使了《公约》赋予的有关权利，履行了有关义务，将向国际社会进一步宣示和强化中国在东海的一贯主张，体现中国政府维护国家海洋权益的决心和意志。

第三节　中国在东海的海洋权益现状

中国拥有近 300 万平方千米的海洋国土，这是全面建设小康社会的战略资源基地和中华民族长远生存发展的重要空间。在东海这一地理单元中，中国的内水、领海及毗连区都是有保障的，但是在专属经济区和大陆架的划分上与邻国存在严重分歧，其中与日本所争议的海域面积最大，这块海域也是东海中最富饶、问题最复杂的海域。

一、中国开发东海油气的现状

东海海域的油气勘探历史较短，迄今仅 30 余年。1974 年 9 月，我国开始对东海开展以油气为主的大规模地质综合调查工作，由此拉开了东海油气勘探的序幕。[2] 1980 年 11 月，原地质矿产部在东海陆架盆地西湖凹陷龙井构造上首次钻探了龙井 1 号井，揭示西湖凹陷、东海陆架盆地乃至整个东海具有良好的油气开发前景。

经过几代人的不懈努力，我国在东海大陆架盆地取得了丰硕的油气成果，先后发现了平湖、天外天、宝云亭、残雪、断桥、孔雀亭、武云亭、

---

[1]《我国将提交东海海域 200 海里外大陆架划界案》，2012 年 09 月 17 日，中国新闻网（http://www.chinanews.com/gn/2012/09-16/4186714.shtml）。

[2] 周才凡：《东海油气普查勘探历程及成果》，《海洋地质与第四纪地质》1989 年第 9 期，第 51—61 页。

春晓 8 个油气田，以及龙二、龙四、玉泉、孤山 4 个含油气构造。在早期对其中一些地块的勘探过程中，日本还曾经提供政府贷款予以支持。当时，日本政府对中国在东海的勘探开发并未提出异议。东海探明储量加控制储量 2 万亿立方米气当量（已探知石油资源量为 500 亿吨）。西湖凹陷油气带获得天然气探明储量 4 万亿立方米，达到年产天然气 800 亿~1000 亿立方米，并且在钓鱼岛周围海域也发现了石油资源，保守估计储量约 700 亿吨。[1]

目前进行试开采的春晓气田位于浙江宁波市东南 350 千米的东海西湖凹陷区域，[2] 由 4 个油气田构成，总面积 2.2 万平方千米，2003 年探明储量已达 5600 亿立方米，[3] 是我国最大的海上油气田。2005 年 10 月，春晓油气田建成，日处理天然气 910 万立方米，该气田所产天然气将延伸至宁波、绍兴、上海等地使用。目前长达 470 千米的海底管线已经开工铺设。春晓五井气田距上海东南约 450 千米，属东海陆架盆地西湖凹陷春晓构造，是中国近年来在这一构造钻探的第五口油气探井。2000 年中国石化集团宣布将投资 240 亿元，加快东海天然气开发利用的步伐，到 2010 年累计将在东海西湖凹陷油气富集带部署 90 多口探井，累计拿到天然气探明储量 4000 亿~4200 亿立方米，达到年产天然气 80 亿~100 亿立方米的目标。[4]

平湖油气田位于东海陆架盆地西湖凹陷保斜坡中部，是我国在东海投入开发的第一个以天然气为主的中型复合型油气田。平湖油气田区由放鹤亭、八角亭、望湖亭等 8 个构造组成。天然气储量数百亿立方米，石油储量数千万吨，油质中等，属中型油田。2006 年 11 月，东海平湖油气田三期扩建工程——八角亭平台工程点火投产。今后东海平湖油气田对沪日供气规模可望从 120 万立方米增加到 180 万立方米。[5]

[1] 彭伟欣：《东海油气勘探成果回顾及开发前景展望》，《海洋石油》2001 年第 3 期，第 5 页。

[2] 赖万忠：《东海盆地合作探井落空的启示》，《海洋地质动态》1999 年第 7 期，第 5—7 页。

[3] 彭伟欣：《东海油气勘探成果回顾及开发前景展望》，《海洋石油》2001 年第 3 期，第 4 页。

[4] 文新华：《我国加快东海油气开发步伐》，《中国海洋报》2000 年 7 月 11 日，第 2 版。

[5] 新浪网，2006 年 11 月 8 日（http://news.sina.com.cn/o/2006-11-08/124310445199s.shtml）。

在国际石油价格居高不下、供应紧张的形势下，东海陆架盆地的油气开发已被列入我国近几年6个重点开发地区（川渝地区、陕甘宁地区、塔里木地区、青海地区、南海西部海域、东海海域）之一，东海油气勘探开发的步伐正在进一步加快。

中国很早就开始勘测东海中国一侧地质情况，掌握了东海的地质构造情况后，开始建设油井，进行油气开发。虽然中国一直不承认日本单方面提出的所谓"中间线"，但是为了避免争议，防止爆发冲突，中国在东海的开发范围完全在所谓"中间线"的中国一侧。开发过程中，日本舰船常在"中间线"另一侧中日争议海域进行窥伺，日本飞机也常前来观察监视。

此外，中国在东海的勘探开发还面临韩国的压力，并且不排除日韩联手对华施压的可能，而日韩之间也存在划界问题，同时在东海北部还需要确定三方划界交叉点。如何在公平和平的原则下划界东海，的确是一个涉及三国四方、存在多重利益交叉的难题。东海疆域地理格局正在形成的过程中，其较稳定的划界结果的出现需要多方共同努力。

二、日本对中国开采东海油气的阻挠

2004年5月16日，日本《东京新闻》上发表了一篇题为"验证——中国侵蚀日本专属经济区10年"的文章，开始炒作所谓中国窃取日本海底资源的新闻。[1]2004年5月27日，《东京新闻》记者和日本杏林大学教授平松茂雄乘飞机对我国东海天然气开采设施的建设情况进行了所谓的"调查"。第二天题为"中国在日中边界海域建设天然气开采设施""日中两国间新的悬案"等报道和评论在《东京新闻》上刊出。[2]日本主要报刊网络纷纷转载，一时间"中国向东海扩张""中国企图独占东海海底资源"等言论闹得沸沸扬扬。日本右翼媒体煽动民众、批评政府，叫嚣"维护本

[1] 周永生：《日本国内关于东海问题的争论》，《国际政治科学》2008年第1期，第100页。
[2] 新浪网：《日本双管齐下凸显东海野心》（http://news.sina.com.cn/w/2005-12-03/07437607677s.shtml）

国海洋权益"。在国内舆论的炒作下，日本政府官员的言行也逐步升级，立场强硬，日本政府围绕东海海底资源争夺展开一系列动作。

2004 年 6 月 23 日，日本经济产业省大臣中川昭一乘直升飞机到东海上空对中国的"天外天""春晓""平湖"三大油气田进行了约一个小时的"视察"，并认定中国侵犯了日本的东海海域经济权益。2004 年 7 月 7 日，日本租用一条挪威科考船，在东海日方单方面主张的所谓"中间线"以东的中日争议海域，开始进行海底资源调查。为此，中国外交部副部长王毅紧急召见日本驻华大使阿南惟茂，向日方提出严正交涉。[1]

2004 年 8 月 7 日，日本首次"关于大陆架调查与海洋资源相关省厅联络会议"在首相官邸举行，制定了为确保蕴藏着矿物资源的大陆架的权益，必须尽早划定大陆架的基本方针，成立了由小泉首相亲自领导的委员会"海洋权益相关阁僚会议"，这一委员会将指导民间企业在东海海域开采油气资源。[2]

2005 年 4 月 13 日，日本政府开始为民间企业办理有关申请东海油气田勘探权的手续。早在 20 世纪 70 年代，日本石油资源开发、帝国石油等 5 家公司就曾向日本主管部门提出申请，要求在日本单方面主张的日中"中间线"日方一侧开采石油天然气等海底资源。由于中国政府从未承认日中"中间线"，这一带属于有严重争议的区域，所以当时的通商产业省没有批准申请。目前，针对中国在东海的油气开发，日本方面借机炒作，顺利通过了一系列关于东海油气资源和海洋权利的议案、行动申请。

2005 年 7 月 14 日，日本政府批准日本帝国石油公司对东海"中间线"以东与中国有争议的三处油气田的试采权。日本经济产业省将在其主张的所谓"专属经济区"对华警戒线附近的由中国开发的春晓气田，命名为"白桦"、而将"断桥"和"冷泉"两个气田分别命名为"楠"和"桔梗"。此举是对中方权益和国际关系准则的严重挑衅，遭到了中国政府的

---

[1] 光明网：《王毅紧急召见日本驻华大使就日在东海进行海洋资源调查提出严正交涉》（http://www.gmw.cn/content/2004-07/08/content_54872.htm）。

[2] 王炜：《中日东海油气之争浮出海面》，《中国科技财富》杂志 2005 年第 3 期，总第 30 期。

强烈反对。[1]

与此对应的是,日本国内与石油开发相关的财团、公司切实看到了东海海地油气资源开发的有利前景,大力支持日本政府的海洋划界政策,鼓励、支持日本学界的东海问题研究。有些研究项目和成果的出版得到了它们的财力资助。甚至一些石油公司和财团自身也组织相关的研讨会,出版著作,建立网站进行宣传等。

日本之所以高度关注东海问题,是由多个方面的原因促成的。

首先,中国采油成功刺激了日本的能源野心。2004 年,日本媒体开始炒作中国在东海的油气开发损害了日本的利益,东海问题升级为中日两国矛盾中仅次于靖国神社的重要问题。中国在东海的开发活动已经有 30 余年,日本方面为何此时突然发难指责中国呢?原因很简单,20 世纪 70 年代,东海地区油气资源并没有能够得到勘探界和学界的确认,一些国家和学者对东海地区是否蕴藏大量油气资源持怀疑态度。因此,日本一度认为中方的勘探是浪费资金,不会产生什么大的收益。但随着 21 世纪初中国天然气田的开采成功和春晓气田投产,日方认识到自己对东海油气开发的判断失误,于是想通过舆论和外交交涉阻止中国在东海开发上捷足先登的优势。

其次,丑化中国是小泉政府的执政策略。小泉纯一郎执政期间,中日政治关系逐渐恶化,两国民间对立情绪日趋严重。在日本各大网站的论坛中,关于中国的言论大多数是负面的,同样,在中国的各大网站论坛留言中,关于日本的评论大多也为负面言论。在两国民间关系日益情绪化的情况下,东海海洋和大陆架资源成为双方关注和争执的焦点,促使日方加强了对东海问题的进一步全面研究。由于中方春晓气田投产,日本政府便首先利用对日本而言异常敏感的能源问题刺激民众情绪,使得目前的东海问题突出地反映在围绕油气资源的争夺方面。

---

[1]《日本为东海气田取名:白桦、楠、桔梗》(http://www.zhgpl.com/doc/1000/1/7/4/100017477.html?coluid=9&kindid=550&docid=100017477&mdate=0911123624)。

最后，维护能源安全的考量。随着美国阿富汗战争、伊拉克战争以及针对伊朗制裁和动武倾向的加剧，中东等产油地区政局动荡，国际石油、天然气价格不断攀升。日本作为极度依赖油气和能源进口的国家迫切需要能源进口多元化，重新研究、确定本国的能源战略，确保本国能源安全。加强对东海地区油气资源等问题的研究随之成为日本政府和学界的目标。

日本的最终目的是将日本大陆架扩展到 350 海里、领有 65 万平方千米大陆架，目前日本对攫取东海资源的态度和行动，正是日本海洋战略思想的集中反映。日本政府一方面与中国保持谈判对话，避免极端事态的发生，一方面加快对海洋资源的勘测，加大对海洋事业的投入，积极开展对海洋资源开发及保护等方面的研究，鼓励民间参与海洋事业。从中可以看出，日本正在借此契机加快向海洋发展的步伐，力图在 21 世纪海洋竞争的新形势下能够获得最大利益。

第四节　中日东海争端的解决途径

中日东海之争表面上是海域划界的法理之争，但本质上是中日对东海海洋权益的分割争夺。[1] 东海问题的症结在于两国如何划定各自的专属经济区、大陆架划分原则，其实质是关乎国家主权的领土、领海问题，并直接影响到国家安全战略和经济权益。

一、中日东海问题的磋商历程

2004 年以来，中日双方围绕东海油气资源的矛盾不断激化，为了寻找一种双方都能接受的解决方案，中日围绕东海问题共举行了十一轮司局级会谈磋商。由于东海问题牵涉到能源、领土、国内舆论等具体问题，谈

[1] 乐绍延：《日本为东海抢油立法"扩军"与立法并行》，《国际先驱导报》，2005 年第 12 期，第 9 版。

判进展非常艰难。中日东海问题磋商主要分为 5 个阶段。

第一阶段（2004 年 10 月 25 日—26 日）：艰难接触阶段。

2004 年 10 月 25 日—26 日中日双方进行首轮东海磋商。日方参加人员为外务省亚洲大洋洲局长薮中三十二，中方参加人员为外交部亚洲司司长崔天凯。在本次磋商中，日本方面采用十分强硬的态度，用更进一步的"日本沿岸 200 海里"的方案代替之前不被中国政府接受的"中间线"方案，[1] 企图以此来牵制中国方面提出的以大陆架延伸来划分东海海域日中专属经济区界线的主张。日方还要求中方提供春晓等油气田以及中国海洋资源调查船的具体活动数据。中日双方立场严重冲突，矛盾尖锐，磋商内容仅限于交换彼此的意见，没有实质成果。[2]

日本在与中国磋商中的强硬态度表现出其对海洋能源的渴望和抢夺海洋利益的决心。这样强烈的决心很快就被付诸行动。2004 年 12 月 13 日，日本政府正式决定，在 2005 年的预算中列入高达 130 亿日元的调查费，用于对海洋资源的勘探和试验性开发。这一数据远远超过了 2004 年度的 38 亿元的相关经费，日本将要建造 8000 吨级的调查船，而目前中国和韩国拥有的调查船吨位只有 2000~4000 吨。日本在建的调查船能利用地震波对地质结构进行三维立体勘测，并进行大范围的海洋调查，测量精度非常高。除了探查海底地形、勘测海底资源之外，其搜集的海底资料极具军事价值。

第二阶段（2005 年 5 月 30 日—31 日）：沟通阶段。

这一阶段以中日第二轮东海磋商为代表，主要表现为中日各自提出划界方案，但都遭到对方否定。在此次磋商中，日本外务省亚洲大洋洲局局长佐佐江贤一郎表示，日本方面要求中国停止单方面的开采，并向日本提供东海油气田的地质资料以及其他与油气开采相关的数据，被中国拒绝。中国则在这次磋商中首次提出共同开发的方案，但中方提出的共同开发范

---

[1] "日本沿岸 200 海里"主张是指：从日本沿岸开始的 200 海里范围之内全部属于日本的专属经济区，若按此方案，中国东南沿海许多省份的陆地也在这 200 海里之内。

[2] 倪志杰：《近代以来东海疆域问题的演变》，硕士毕业论文，中国海洋大学，2007 年，第 24—25 页。

围指的是"中间线"以东和冲绳海槽之间的海域，不包括"中间线"以西中国正在开采的油气田。这一开发方案与日本的要求差距很大，日本拒绝接受。在关于中日东海专属经济区的划界问题上，中日双方则一致同意设立由专家组成的工作小组来开展对话。

本轮接触中，磋商的主要内容集中在东海油气资源上，东海专属经济区的划界问题被单独提出讨论，表明中日双方的谈判态度开始趋于冷静务实。但由于中国拒绝停止开采，日本方面也将继续审批民间企业在有争议海域试开采的许可。实际上双方意见分歧并没有缩小，均坚持各自的划界主张。此次磋商意义在于双方均表达出了通过对话平等协商，妥善处理和解决东海问题的意愿。

第三阶段（2005 年 9 月 30 日—2006 年 5 月 18 日）：共同开发成为共识，谈判走向务实。

这个阶段包括中日第三、四、五轮东海问题磋商。2005 年 9 月 30 日，中日两国第三轮东海问题磋商司局级谈判在东京举行。在这次谈判中，日方第一次提出所谓"共同开发案"，首次对外披露合作计划的具体内容。但日方提出的共同开发范围包括在东海"中间线"以西、中方正在开发的春晓、断桥、天外天和龙井 4 个油气田，并提出中日间召开部长级会谈，敲定东海的共同开发方案。这是针对上一轮磋商中国方面提出的共同开发方案所做的回应，但这样毫无道理的开发方案是中国无法接受的。中国认为中日间"共同开发"的范围应是东海"中间线"以东冲绳海槽以西的区域，不包括中国正在开采的油气田。中国没有承认日方片面划定的所谓"中间线"，但为避免争端，所建油气田均在"中间线"西侧，因为这部分地区是完全没有争议的，不存在共同开发的问题。

经过一段时间的沟通交流，两国对于东海问题的认识逐渐深入，磋商内容趋向务实。2006 年 3 月 6 日，在北京举行了中日第四轮东海问题磋商。中国外交部亚洲司司长胡正跃和日本外务省亚洲大洋洲局局长佐佐江贤一郎分别率团参加，在本次磋商中，中方提出新提案，但未向外界透露具体内容。2006 年 5 月 18 日，第五轮磋商在东京举行，会谈结束后未对外公布具体进展。

由于磋商内容包括东海专属经济区及大陆架的划界问题、东海油气田的共同开发提案等，涉及到两国国家利益，而且中日两国主张不同，争议区域很大，分歧严重，磋商在短时间内很难取得明显效果。但是两国一致认可举行东海磋商的必要性，在避免发生争端激化和意外突发事件、通过和平谈判解决问题上有共同的意愿，因此每一轮磋商都至少同意尽快举行下一轮磋商。

第四阶段（2006 年 7 月 8 日—2007 年 5 月 25 日）：有的放矢，共同磋商开发方案。

此阶段包括第六、七、八次东海磋商。2006 年 7 月 9 日，中日第六轮东海问题磋商在北京落下帷幕。相比于前几轮磋商谈判，中日两国朝着务实合作的方向迈出了重要一步。具体成果有：一是同意联合设立技术专家会议来研究东海共同开发具体方案，二是同意建立联合预防危机事态的沟通机制。这些成果加快了共同开发的进程。双方就联合设立"技术专家会议"，建立中国国家海洋局与日本海上保安厅联合预防危机事态的沟通机制等达成一致。第六轮磋商所达成的沟通渠道是预防危机事态的基础，这是向共同开发方向前进的重要一步。双方虽然在共同开发的具体海域和方式等问题上依然存在很大分歧，但就防止在东海发生不测事态、建立海上热线联络机制问题达成了原则共识。在此次中日东海问题磋商中，双方还一致同意为了加深相互理解，将在司局级会谈下面设立由地质领域技术专家组成的谈判小组举行磋商。该专家小组在第七次东海问题磋商开始时同时举行。

2007 年 3 月 29 日中日双方举行关于东海问题的第七轮磋商。两国对于东海油气资源共同开发的可行性进行交流。随后，温家宝总理应日本首相安倍晋三的邀请，于 2007 年 4 月 11 日访问日本，当天中日两国在东京发表《中日联合新闻公报》，报告中声称："为妥善处理东海问题，双方达成以下共识：坚持使东海成为和平、合作、友好之海；作为最终划界前的临时性安排，在不损害双方关于海洋法诸问题立场的前提下，根据互惠原则进行共同开发；根据需要举行更高级别的磋商；在双方都能接受的较大海域进行共同开发；加快磋商进程，争取在今年秋天就共同开发具体方案向领导人报告。"[1]

2007 年 5 月 25 日，中日举行第八轮东海问题磋商，就妥善处理东海问题达成共识，即在最终进行东海专属经济区和大陆架划界之前，共同开发部分东海海域成为中日两国的共识。也就是说，接下来中日之间的东海问题磋商将围绕着东海部分海域共同开发具体方案进行协商，暂时搁置专属经济区及大陆架的划界问题、钓鱼岛等主权问题。

第五阶段：踟蹰阶段（2007 年 6 月 26 日—2007 年 11 月 14 日）。

此阶段包括第九、十、十一次中日东海问题磋商，商讨共同开发的对象海域是这几次磋商的主要议题，但在此问题上中日分歧巨大，磋商过程举步维艰。2007 年 6 月 26 日，中日举行第九轮东海问题磋商，但没有取得进展。日方此前提议在跨两国"中间线"的海域进行共同开发。但是中方主张不应包括春晓油气田周边海域。日本外务省亚洲大洋洲局局长佐佐江贤一郎在磋商后指出，"在基本问题上双方没有达成一致。中方虽然希望加快磋商，但日中的想法存在差异"。[2]

2007 年 10 月 11 日，中日第十轮东海问题磋商在北京举行。中国外交部亚洲司司长胡正跃和日本外务省亚大局局长佐佐江贤一郎、资源能源厅长官望月晴文分别率团出席，但没有取得进展。2007 年 11 月 14 日，中日第十一轮东海问题磋商在日本举行，没有取得实质性进展。中国外交部发言人刘建超表示，中方在磋商中充分表达了通过友好协商解决分歧，实现共同开发的积极态度和诚意。中方愿根据两国领导人达成的五点共识

---

[1]《中日发表联合新闻公报》，新华网（http://news.xinhuanet.com/world/2007-04/11/content_5964574. htm）。

[2] 星岛环球网（http://www.stnn.cc/euro_asia/200706/t20070627_564734.html）。

的有关原则和精神，继续推进磋商进程。[1]

中日东海磋商经过相当时间的对话、交流与磋商，终于取得了一定的成果。2008年6月18日，中日双方同时公布《中日关于东海共同开发的谅解》（又称"东海协议"），主要内容有两点：第一，作为中日在东海共同开发的第一步，双方协商出了一块"共同开发区"；第二，日本法人参加春晓油气田开发也达成了谅解。这一文件的形成，这意味着自2004年10月开启的中日双方东海油气田开发谈判有了一定进展。但是，中日双方民间社会对协议都有着明显的保留。由于目前中日两国因钓鱼岛问题关系紧张，这一协议已没有实施的条件。

2012年5月15日—16日，第一轮中日海洋事务高级别磋商在浙江省杭州市举行。中方首席代表、外交部边海司副司长易先良与日方首席代表、外务省亚洲大洋洲局参事官山野内勘二分别率团与会。双方就中日海上各方面问题与海上合作交换了意见，一致同意要充分利用中日海洋事务高级别磋商平台，加强中日间各方面海上问题的对话与交流，增进了解与互信，推动务实合作，管控矛盾，妥善处理有关问题。磋商期间，中方并就钓鱼岛问题阐明了立场。双方还商定，第二轮中日海洋事务高级别磋商将于这年的下半年在日本举行。[2] 当然，现实中日间因钓鱼岛争端导致相互关系紧张，这类磋商已经难以再持续下去。

大陆架、专属经济区的划分涉及到海底蕴藏的丰富矿产资源、海洋渔业资源、国家防卫与安全等，中日都不会轻易做出让步。磋商是唯一能达成共识、促进合作的途径。随着谈判内容趋于细致具体，两国曾一度呈现出合作的势头，开始向共同开发方向前进。中日双方于2006年、2007年两度发表《中日联合新闻公报》，表达出保护东海和平，共同开发东海的良好愿望。总之，中日在东海问题上的立场仍有较大距离，虽然"搁置争议、共同开发"仍是维护东海稳定和中日关系大局的最佳方法，但是要达

[1] 新华网（http://news.xinhuanet.com/video/2007-11/16/content_7086193.htm）。
[2]《中日举行海洋事务高级磋商中国阐明钓鱼岛立场》（http://military.workercn.cn/c/2012/05/17/120517072 328816266277.html）。

成共同开发方案，还需要克服不少障碍。

二、中日东海争端的难点解析

中日东海磋商之所以难以达成有效成果，需要克服的难点不止一个，主要包括以下几个方面。[1]

（一）划界依据的原则不同

在东海大陆架及专属经济区划界的问题上，中日两国分别依据不同的原则提出自己的主张。中国主张应在自然延伸的基础上按照公平原则协议划界，而日方坚持"中间线原则"。

中国主张"海洋划界应遵循的根本原则是公平合理原则"，而"等距离线只是划分海洋界限的一种方法，不应把它规定为必须采取的方法，更不应把这种方法规定为划界的原则"。[2]1996 年中国在批准 1982 年《联合国海洋法公约》时声明："将与海岸相向或相邻的国家，通过协商，在国际法的基础上，按照公平原则划定各自海洋管辖权界限"。[3]而 1998 年颁布的《大陆架和专属经济区法》同样规定"在国际法的基础上按照公平原则以协议划定界限"。[4]就东海大陆架划界而言，中国主张东海大陆架是中国大陆领土，而非日本岛屿的自然延伸，因为冲绳海槽构成了两国大陆架之间的天然界线。而公平的划界结果就是要实现自然延伸原则。因此，应当以冲绳海槽，而不是中间线作为两国的大陆架边界。

相反，日本是一个传统主张按照中间线划界的国家，在第三次海洋法会议上属于"中间线"集团，其 1996 年颁布的《专属经济区和大陆架法》规定，如果日本专属经济区及大陆架的"外部界限的任何部分超过了从日

---

[1] 倪东杰：《近代以来东海疆域问题的演变》，硕士毕业论文，中国海洋大学，2007 年，第 29—33 页。

[2]《沈韦良副团长在第七协商组会议上的发言（1978.4.25）》，《我国代表团出席联合国有关会议文件集（1978.1—6）》，人民出版社 1978 年版，第 126—127 页。

[3]《全国人民代表大会常务委员会关于批准〈联合国海洋法公约〉的决定》，《中华人民共和国全国人民代表大会常务委员会公报》1996 年第 5 号，第 2 页。

[4] 同上。

本基线量起的中间线，则中间线（或日本同外国议定的其他线）将代替外部界限的那一部分"。[1] 就冲绳海槽而言，日本认为它只是东海大陆架自然延伸的一个偶然凹陷，不足以中断两国大陆架的连续性，因此主张以中间线为界。不仅如此，日本在 1974 年 1 月 30 日同韩国签订的《日韩共同开发大陆架协定》中单方面将其划定的中日假想中间线作为开发区朝向中国一侧的界限。[2] 若以海岸中间线为界，中国将只能获得 140—180 海里宽的大陆架，而日本将获得冲绳海槽以西最具石油储藏前景的大部分海域。

事实上，国际社会更加认同自然延伸原则。1969 年，北海大陆架划界案在国际司法实践上确立了自然延伸原则。荷兰和丹麦诉联邦德国的北海大陆架案是通过国际司法程序解决的第一个大陆架划界案。在此案中，国际法院提出了根据公平原则考虑一切有关情况通过协议解决的观念。北海大陆架案使公平原则在大陆架划界中取得显著地位，成为一个形成中的习惯规则。这一原则在以后的司法实践中得到多次肯定与支持。

（二）冲绳海槽的国际法地位问题

冲绳海槽在东海大陆架划界中的作用取决于能否证明其地质状况构成中日两国领土自然延伸的中断。简言之，即冲绳海槽是一个分界线，还是一个偶然塌陷。这个判定的结果，将决定着日本与中国是否属于共架国，如果是，则有利于日本提出的中间线原则，如果不是，则有利于中国主张的大陆架自然延伸原则。

日本认为冲绳海槽仅是东海大陆架上的偶然凹陷，不应该作为两国大陆架的分界线。中日属于共架国，两国应该按中间线原则划分东海大陆架。但是，日本这一根据，从国际法的法理角度来是站不住脚的。因为大陆架的法理基础是大陆国家领土向海底的自然延伸部分，因此，即使日本方面认为冲绳海槽的地质结构和中国的东海大陆架地质构造相同符合实际，也

---

[1]《全国人民代表大会常务委员会关于批准〈联合国海洋法公约〉的决定》，《中华人民共和国全国人民代表大会常务委员会公报》1996 年第 5 号，第 2 页。
[2] 中国对此多次表示强烈抗议，认为该协议侵害了中国对东海大陆架的权利，因此"完全是非法的、无效的"。两国不顾中国抗议于 1978 年 6 月 22 日交换批准书使之生效。

不能否认冲绳海槽割裂了东海大陆架的事实。[1]

中方经过充分勘查冲绳海槽认为中国和日本的大陆架是不相连的，两国不是共架国，冲绳海为两国的自然分界线。[2] 根据我国已有的调查，无论是从地质构造、地形特征上还是从地质演变、沉积物的形成与分布上等各个角度分析，冲绳海槽西侧陆架与中国大陆有着密不可分的关系，是适用国际法自然延伸原则的。《联合国海洋法公约》第 76 条第 5 款中，将 2500 米的深度线作为分割大陆架的一个重要标志而有相关规定。[3] 这种规定是日本不能否认的。冲绳海槽部分地区水深远超 2500 米，最大水深 2717 米，足以构成划分大陆架的深海槽。

（三）中日对争议地区的不同认定

在中日双方围绕东海问题进行接触时，日方一贯态度十分强硬，认为中日必须以"中间线"来划分，强迫中国接受日本政府划好了的"中间线"。日本政府认为有争议的地区是横跨"中间线"的矿脉、油气田所在区域，中方目前的开采可能损害了日方利益，要求中国停止开采，提供中国东海油气田的开采数据，并与中国合作开发在中间线附近的油气资源，具体地说是中国现在已开发的春晓、平湖等油田。这显然是十分无理而荒唐的要求。

中国开发东海海域的油气资源已经数十年了，为了避免引起争端，一直十分克制，保持在日方所谓"中间线"的中国一侧，中国在东海进行的油气开发活动从未超越日本单方面划定的所谓两国东海"中间线"，即使是处于最东边的春晓油气田的位置距离"中间线"也尚有 5 千米左右。

在争议海域进行共同开发是国际上在重叠区域共同开发的通常做法。中日东海有争议的海域是"中间线"东侧的区域，而非"中间线"两侧的区域，更不是整个东海海域。虽然两国均看到共同开发海底资源可能是解决争端的唯一途径，但由于国内舆论的压力，两国政府很难做出让步。日

[1] 周永生：《日本国内关于东海问题争论》，《国际政治科学》2008 年第 1 期，第 122—125 页。
[2] 赵西豫、罗刚著：《从国际海洋划界实践看中日东海之争》，《云南大学学报（法学版）》第 56 页。
[3] 张海文主编：《〈联合国海洋法公约〉释义集》，海洋出版社 2006 年版，第 124—128 页。

本试图将双方所存在的东海专属经济区的划分和大陆架的划分的争议，以偷换概念的方式说成是"中间线划分"的争议，一再混淆争议海域的概念，大耍小聪明，以图蒙混国际舆论，以便它可以尽可能地在东海攫取更多利益，正如日本曾一度提出的距日本领海基线200海里的专属经济区，其范围甚至包括了中国大陆的部分近海地区，虽然方案荒唐，却彰显了日本试图限制中国发展和进行海洋扩张的野心。

（四）"吸管效应"

日方强调，由于天然气和石油等资源横跨"中间线"，中国在两国海岸中间分界线不足5千米的地方建造"春晓"油气田，有可能通过地下矿脉，将日本所主张的部分大陆架的油气采走，因此中方的采掘"极有可能损害到日本的权益"。[1]2004年6月9日，在马尼拉召开的"东盟10+3"能源会议上，日本经济大臣中川昭一通过吸管吸杯中果汁的方式向中国国家发改委副主任张国宝示意，提出所谓的"吸管效应"，强调中国在中日海域中间线附近开采石油，就不可避免地像吸管一样"吸"走属于日本的资源，还要求中国向日本提供相关的采掘数据，"合理分享"资源。[2]

实际上，"中间线"以东至冲绳海槽间属于两国有争议的地区，绝不能视之为日本海域，所谓"日本的权益"根本不成立，更何况春晓油气田距离"中间线"尚有5千米，东海陆架西高东低，我国油井在矿脉西侧高处，根本不适用所谓"吸管效应"。而且，东海陆架盆地东西分带，南北分块，地质构造复杂，断层褶皱众多，绝不是一个盛满果汁的玻璃杯子。矿产资源更不可能像水在瓶子里那样自由流动。石油天然气的开采过程是复杂的工程活动，不是吸取油气那么简单，不可能将几海里外的油气吸得流动起来。那样的比喻十分外行，也毫无道理。但是如此浅显的比喻很容易误导民众，使人们不自觉地相信其可能性。事实上，东海陆架盆地的丰厚沉积层是黄河、长江等中国河流千万年冲积的结果，产生的油气资源不论在所

---

[1]《春晓油气田事件：中日媒体带来危险情绪》，人民网（http://japan.people.com.cn/2004/6/16/2004-616113212.htm）。

[2] 尹晓亮：《中日"春晓油田"之争的"结"与"解"》，《日本问题研究》2005年第2期，第60页。

谓"中间线"哪一侧，都应归属中国。

三、中日共同开发东海的可行性探析

中日东海油气争端磋商迄今已举行了十一轮，但双方在共同开发上仍然未能取得实质性进展。[1]一般而言，国际上解决争端主要有 3 种方式：战争、法律和外交。

一国如果采取战争的方式，这将违背当今国际社会的和平与发展的主流趋势，同时阻碍中国特色社会主义现代化建设的发展进程，也不符合国内人民渴望和平的愿望，因此用战争方式来解决东海问题的选择，后果非常严重，对于一贯主张以和平方式解决争端的中国来说并不是首选之策。

如果把主权争端由国际法院来的裁决，判决结果也不一定就会获得争端双方的接受。它的判决虽然对两国都具有一定的法律效力，然而中国政府一直主张只采取双方谈判的方式来解决争端，不同意由第三方介入。因此，采取通过法律方式解东海争端不符合中国的利益。由于东海问题主要包括岛屿主权争议、划界原则适用分歧，又与历史、地质等问题相联系，要解决这个争端是非常复杂而棘手的。为避免和减缓东海问题可能产生的对抗和潜在冲突，中国和日本作为联合国的重要成员国和《联合国海洋法公约》的缔约国，同时作为东亚地区两个负责任的大国，有责任和义务维护本地区的安全与稳定。为此，中日东海争端应在和平解决的大前提下，通过外交谈判途径协商解决才是理性的选择。

在利用外交谈判手段时，中国政府的首选是要坚持主权原则不动摇。国家的主权、安全和利益应该始终是外交政策首要考虑的问题。中日东海协商划界的前提条件就是东海大陆架应该属于中国。即使两国将来达成共同开发的协议，中国也必须坚持东海大陆架"主权在我"的原则。当前，中华民族的伟大复兴处于关键时期，为国内经济的发展提供一个安全稳定

---

[1] 余民才：《论中日东海油气争端的共同开发解决方案》，《法学杂志》2006 年第 4 期，第 119 页。

的国际国内环境是中国外交的首要任务。所以，中国政府在处理东海海洋划界争端上一定要维护好中国与周边国家、与国际社会之间的关系。中国既要做到维护本国权益的同时，又要积极寻找解决争端的新思路、新方法，以期实现双赢。

通常来讲，共同开发的模式往往是第二种方式，有关国家暂时搁置主权或主权权利争议，在相互间协定的基础上，以某种合作方式勘探和开发重叠主张海域的石油资源。它是世界上各个海域的很多国家认可和采用的一种功能性合作制度，这种制度与1982年《联合国海洋法公约》第74条和第83条的要求相一致，具有国际法理的坚实基础。[1] 从目前东海发展情形来看，东海的划界问题在很短时间内是做不到的。虽然中日两国曾经建立"战略互惠关系"，但中日关系的未来发展仍将受历史问题、台湾问题、日美同盟、日本政治右倾化等问题的影响，存在着重大变数。这些变数让两国关系存在很大的不确定性，使得中日双方的东海划界问题将长期难以解决。而搁置主权争议，探讨共同开发是目前非常理性的选择。

共同开发并不妨碍有关争议海域最后划界协议的达成和最后界限的划定，也不意味着任何一方放弃其权利或权利主张，也不意味着承认对方的权利主张。在共同开发期内，合作开发活动不构成支持或否定任何一方对有关区域及其石油资源的权利或权利主张的基础，也不创设任何新的权利或扩大现有权利。因此，共同开发是一种共赢的解决之策。它以资源共享取代了利益争夺，它既不影响有关国家的权利主张或立场，又能以符合经济效益原则和各自利益的方式有效地勘探开发石油资源。它既能维护各自对共同开发区的管理与控制，又能提供安全、稳定的石油投资与开发环境，最大限度降低国际政治对经济的影响。可以说，共同开发在有关国家优先利用争议区域资源的实用考虑与维持各自权利主张或立场之间建立了适当的平衡。

中日两国领导人之间曾认真进行了共同开发的讨论。2007年4月11

---

[1] 余民才：《论中日东海油气争端的共同开发解决方案》，《法学杂志》2006年第4期，第119页。

日，温家宝总理访日时，两国达成了根据互惠原则在双方都能接受的较大海域进行共同开发的共识。中日双方都应本着互谅互让的态度，以及"追求和平、合作、共赢的目标"的愿景来设计共同开发区及其相关安排。不过，有一点是中国必须强调并始终坚持的，那就是钓鱼岛不能作为设立共同开发区的基点。无论是日本主张的"中间线"还是"200海里线"，都必须从国际法承认的日本治下的主要岛屿的领海基线量起，不得包括钓鱼岛。到目前为止，世界上有20多个国家都是以共同开发的方式来解决争端。[1] 至于共同开发活动对各自在钓鱼岛立场上的影响，双方可借鉴1989年澳大利亚和印度尼西亚之间的《帝汶缺口条约》和1995年英国与阿根廷之间的《关于在西南大西洋合作进行近海活动的联合声明》的模式来避免钓鱼岛领土主权争端引发军事冲突的风险，进而探寻合作开发的方式。[2]

中日两国具有能源方面的合作潜力，在坚持共同开发的基础上，两国在能源政策、石油储备等方面加强合作，必将促进两国在东海问题上的顺利解决。针对东海问题采取实施搁置争议、共同开发的原则与方案对中日两国具有重要的现实意义，不但可以改善两国的政治关系和民间的文化交流，还可以在互惠的基础上促进能源合作，进一步加快两国经济的发展。为此，双方可在争议海域在和平协商基础上划出一定的区域，实施共同开发，并采取渐进的方式展开，在条件成熟后慢慢进一步扩大合作。

关于共同开发的海域界定，曾有中国学者提出过这样的方案：即把争议海域——"中间线"与冲绳海槽中轴线之间的区域作为共同开发区。同时，在共同开发协定中规定一个联合开发跨区油气田的条款。大多数共同开发协定都包含有这种条款。中日联合开发跨区油气田的方式、跨区油气田范围与总储量的确定及其比例分配与相关程序以及管理和适用法律，可参照1976年英国与挪威《关于开发弗里格气田以及从该气田向英国输送

---

[1] Paul.B.Strares(ed),Rethinking Energy Security in East Aisa,Tokoyo:Japan Center for international Exchange,2000.

[2] 余民才：《中日东海油气争端的国际法分析——兼论解决争端的可能方案》，《法商研究》，2005年第1期。

天然气的协定》的安排。[1] 这种共同开发的方案，不仅将中方在东海问题上的立场付诸于共同开发实践，避免造成默认"中间线"的印象，而且在一定程度上解决了日本的关切。如果将提供春晓等油气田资料和分担中方勘探与准备投产所发生的费用（在油气田跨区的情况下）作为条件，达成这种开发协定是可期望的。

从历史和当前现实中，我们可以看到对于中日两国而言，和则双赢，争则两伤。基于两国政治和经济的整体利益考虑搁置争议、合作开发是目前解决东海油气开发的一种最有效、最为理想和最现实的途径，两国在付出了艰辛的谈判协商努力下，两国政府一度达成了共同开发的原则共识。这种方案既可降低爆发军事冲突的可能性，也可取得可观的经济收益，促进两国在政治、经济、文化等方面的交流和合作。2011 年日本发生大地震和核泄漏给日本造成重大生命和财产损失，中国政府及时派出救援队并为日本送去大量物资和捐款，赢得了日本政府与民间的信任和好感，也有利于为政府间的谈判提供良好的国内舆论基础。可以预见，如果两国按照互惠的原则来进行共同开发，将会使两国在东海问题上的争端得以妥善解决，当然这需要很长一段时间和两国的不懈努力。

然而，令人遗憾的是，2012 年 9 月日本右翼在钓鱼岛问题上玩弄"购岛"闹剧以及日本政府实现对钓鱼岛的所谓"国有化"，严重侵犯了中国的领土主权，造成与中国在钓鱼岛问题上的尖锐对抗，从根本上毒化了中日关系，彻底破坏了中日两国在东海海域探寻"搁置争议，共同开发"的基础。中日两国东海问题的处理，将由钓鱼岛问题的解决是否顺利来决定。

---

[1] 余民才：《论中日东海油气争端的共同开发解决方案》，《法学杂志》2006 年第 4 期。

第四章　钓鱼岛的历史与现实

近年来，中日关系因为能源和领土纠纷而变得日趋紧张，特别是围绕钓鱼岛主权归属问题，以及与其密切相关的东海大陆架划界问题上，两国政治关系阴晴不定，成为影响中日两国关系正常发展的主要障碍，亦是学术界关注的焦点。中日钓鱼岛群岛争端的核心问题不仅是该群岛的主权问题，而是牵涉到两国对东海油气资源的分配比例问题，可以说这都是中日的核心利益。因此，从历史、地理和国际法的角度深入地分析钓鱼岛争端的产生、钓鱼岛争端对中日东海大陆架划界的影响，以及解决这一争端的可能方式，对中国维护自身权益，避免因领土纠纷爆发武装冲突，增进中日互信，促进区域合作等具有现实意义。

第一节　钓鱼岛的地理与历史状况

毋庸置疑，钓鱼岛列岛自古以来就是中国领土不可分割的一部分。多处历史记录表明，中国人发现、命名钓鱼岛列岛至少比日本人早了500年，例如在中国历史文献中有大量关于钓鱼岛、黄尾屿、赤尾屿这3个岛屿的记载，它们被称为"钓鱼屿""黄尾山"和"赤屿"等。了解钓鱼岛的历史及地理信息，有助于我们全面掌握钓鱼岛问题的来龙去脉。

一、钓鱼岛概况

钓鱼岛列岛由钓鱼岛、黄尾屿、赤尾屿、南小岛、北小岛及3个小岛礁组成，总面积约6.344平方千米，其中钓鱼岛最大，面积为4.3838平方千米，大致呈番薯形，东西长约3.5千米，南北宽约1.5千米。钓鱼岛地势北部较平坦，南部陡峭，中央山脉横贯东西；岛上山峰海拔约为250米，并蜿蜒着4条溪流。岛上生有仙人掌、棕榈、海芙蓉等植物，由于岛上自然条件较为恶劣，气候潮湿炎热，尚无人长期居住。

（一）钓鱼岛的自然地理

钓鱼岛列岛地处中国大陆领土在东海自然延伸所构成的大陆架上，位于闽之正东，台之东北，琉球群岛主岛的西南方，先岛诸岛（即宫古、八重山两群岛）的西面。钓鱼岛列岛南距台湾岛约102海里，西距福州和东距日本冲绳县首府那霸市皆约230海里，东南距宫古、八重山群岛约100海里。整个钓鱼岛列岛散布在北纬25度40分至26度，东经123度20分至124度45分之间。钓鱼岛附近水深100~150米，与冲绳群岛之间隔有一条2000多米深的海沟。

钓鱼岛及其附属岛屿在地质上属于第三纪层锥状火山岛屿，是台湾北部大屯火山向东伸入海底的突出部分。钓鱼岛及其附属岛屿处于东海海床边缘，与台湾岛处于同一大陆棚上，全部海床地区水深 200 米左右，并有大量由长江及黄河冲流入海的堆积物。钓鱼岛及其附属岛屿向南约 10 海里的地方，海床地形发生突变，水深达 1000 米以上，地质学上称为"中琉界沟"（俗称"黑水沟"），并无大陆棚，因此钓鱼岛及其附属岛屿在地理上与琉球群岛没有关联，并非现属日本的琉球本土陆地的自然延伸，而"黑水沟"自明朝以来便是中日界限的指标。

（二）生态环境与资源替力

钓鱼岛海域属于副热带季风气候区域，全年平均温度 21℃，与台湾东北部气候相同，夏季炎热高温大约平均 27℃，冬季最低温 11.9℃，平均湿度为 84%。由于受到季风气候影响，年降雨量高达 2800 毫米以上，年平均降雨天数为 190.4，而且长年风大浪高。

目前钓鱼岛至少有 34 种陆地鸟类以及 7 种爬行动物，无两栖类。动物以鸟类和鱼类为主，是著名的海鸟群集繁殖地和渔场，除 20 多种的野鸟以外，多为候鸟。海鸟主要的种类有乌领燕鸥、玄燕领、大水雉鸟、长尾水雉。黄尾屿过去是短尾信天翁、黑脚信天翁的主产地，而且岛上鸟粪甚多，许多渔民常收集作为肥料之用。其他动物有蝙蝠，以台湾狐蝠为主，爬虫类有石龙子、壁虎以及若干蛇类。昆虫则有 100 多种，渔业类资源丰富，自古以来是台湾和福建渔民的主要捕渔区域。

钓鱼诸岛及其附近海域，是我国东海传统鱼场。在钓鱼岛与东南方的北小岛、南小岛之间，是渔民的天然避风港湾。钓鱼岛具有极强的经济价值，主要表现在渔业资源和石油资源两个方面。

钓鱼岛拥有丰富的石油资源。1966 年联合国亚洲及远东经济委员会经过对包括钓鱼岛列岛在内的中国东部海底资源的勘查，得出结论：东海大陆架可能是世界上最丰富的油田之一，钓鱼岛附近水域可能成为"第二个中东"，因此钓鱼岛主权的归属对于石油资源日渐短缺的中日两国都生命攸关，并更加激起日本夺占钓鱼岛的野心。

此外，钓鱼岛附近的矿物资源储量也非常惊人。日本近年来投入大量资源对东海水文、海底地貌、洋流、气候等进行调查，按照日本前国土交通大臣扇千景的说法，钓鱼岛附近海域埋藏着足够日本消耗 320 年的锰、1300 年的钴、100 年的镍、100 年的天然气，以及其他矿物资源和渔业资源，倘若日本获得这片海域，则由资源小国变为资源大国，仅东海天然气等资源就可供日本 80 年之需。

二、中国对钓鱼岛拥有主权的历史依据。

钓鱼岛列岛，早在春秋战国时代（公元前 770 年—公元前 222 年）就已经被中国先民海外探察所发现，命名称作"列姑射"，位于北赤道洋流"黑潮"流带主干的左侧。中国古地理文献《山海经·海内北经》有这样的记录："列姑射，在海河州中。"[1] "列姑射"，即指列岛海山，其状宛如山龟卧榻之姿势，有俯有仰，形象生动。"在海河州中"指列岛海山位于海中大河之中，"海河州"是指"黑潮"洋流，它像海中的一条大河，据海洋地理之说，"黑潮"的宽度约 30~60 海里，其流量相当于 1000 条长江。其地域位置与海流特征，完全与今天钓鱼岛列岛所属各岛屿所在的海域相符。由此，"列姑射"与"海河州"，是中国先民最具有权威的实证性的发现，中国拥有对钓鱼岛无可争议的专属发现权。[2]

中国不但最早发现钓鱼岛列岛并把它们划入中国版图，而且进行了资源开发和有效管辖。钓鱼岛海域与台湾北部海域属于同一季风走廊和黑潮走廊，这里的渔业资源非常丰富，盛产鲣鱼、松鱼、飞鱼。长期以来，我国闽台等地渔民经常到这里进行捕鱼作业。渔民们还常常登上岛屿休憩避风，并在岛上建立了神庙。

18、19 世纪之后，中国人民开始登临钓鱼岛采药。钓鱼岛与黄尾屿上长有植物，除了棕榈树与热带矮树丛之外，还有一种颇为珍贵的中药用

---

[1] 方滔编著：《山海经》，中华书局 2011 年版，第 266 页。

[2] 崔吉燕：《钓鱼岛归属问题研究》，硕士学位论文，中国海洋大学，2010 年，第 6—7 页。

植物海芙蓉，又名石苁蓉，对治疗高血压及风湿有奇效。1893年10月(清光绪十九年)，慈禧太后颁发诏谕，将钓鱼岛、黄尾屿、赤尾屿三小岛，赏给后来出任邮传部尚书的盛宣怀为业，供采药之用。诏谕内容是："皇太后慈谕，太常寺正卿盛宣怀所进药丸甚有效验。据奏，原材料采用自台湾海外钓鱼台小岛。灵药产于海上，功效殊乎中土。知悉该卿家世设药局，施诊给药，救济贫病，殊堪嘉许。即将该钓鱼台、黄尾屿、赤屿三小岛赏给盛宣怀为业，供采药之用。"[1] 这一文献足以说明，中国人民已经在开发钓鱼岛的自然资源，而且把土地赏给自己的臣民，体现了当时的中国政府已将钓鱼岛作为国家领土进行了有效管辖。

实施命名，是国家对一个地方行使主权管辖的标志和基础，也是最具法理意义的管辖步骤之一。截止到1900年，世界上没有第二个国家对钓鱼岛列岛进行过具有主权管辖意义的地名命名。中国是最早发现、最早命名、最早利用、最早把钓鱼岛载入国家史籍和官方图籍的国家。作为世界文明古国的中国，造船技术和航海技术在很长的历史时期遥遥领先于周边国家和地区，中国先民海洋活动的内容之丰富、范围之广阔、记载之详尽在世界历史上首屈一指，这是形成中国对钓鱼岛等中国边缘海域和岛屿拥有历史性主权的基础。按照18世纪以前的国际法，中国已拥有对钓鱼岛列岛的所有权。[2]

第二节　中日钓鱼岛问题争端的由来及现状

一、日强占钓鱼岛的过程

近代历史中，灾难深重的中国，被殖民主义和帝国主义压迫欺辱和侵略瓜分，大片国土被侵吞霸占。到19世纪末期，中国所面对的最凶恶的

---

[1]《神圣的领土钓鱼岛》，新华网(httx//news.xinhuanet.com/ziliao/2003-01/23/content_703922.htm)。

[2] 在物权法上，对无主物的发现可以构成所有权，这一原则被引入18世纪以前的国际法中，成为认定"无主地"主权归属的重要法律依据。所谓"发现"，通常是指"自然界的发现或单纯的视力所及"。

敌人之一，是军国主义的日本。它曾利用中日甲午战争的胜利，割占了中国宝岛台湾，甚至试图并吞辽东半岛。钓鱼岛列岛就是在这期间被日本侵吞的，并被日本改名为"尖阁列岛"。

（一）"尖阁列岛"之名的由来

日本把钓鱼岛列岛称为"尖阁列岛"。然而，这一名称并非日本所定，而是英文名称的音译。鸦片战争后，英国开始关注东中国海。1845 年 6 月，英国军舰"萨玛朗"号到钓鱼岛一带海区进行测量。测量结果公布在 1855 年出版的海图中，之后 1884 年英国出版了《英国海军水路志》亦标出了这些岛屿。英国人把钓鱼岛称为 Hoapinsan，或 Hoapinsu（和平山），把黄尾屿称为 Tiausu，赤尾屿则称为 Raleigh Rock，而这一系列犹如尖刀般耸立于海洋中的岩礁群则被称为 Pinnacle Group，或 Pinnacle Islands（意为"尖礁群岛"）。

"日本将中国钓鱼岛称为尖阁列岛，显然是通过英文意译成日文的。因此，日本连岛屿的名称都是从英文翻译过来的，更说明它在历史上对钓鱼岛的无知，更谈不上有什么管理。"

（二）"无主地"之争

在 19 世纪末爆发中日甲午战争之前，日本没有对中国拥有钓鱼岛主权提出过异议。1884 年日本那霸居民古贺首次登上钓鱼岛采集羽毛和捕捞周围海产物，他随后提出开拓钓鱼岛的请愿还被冲绳县知事拒绝。中日甲午战争爆发，在战争尾声时，日本于 1895 年 1 月 14 日通过内阁会议决定，声称钓鱼岛为"无主地"，在钓鱼岛建立国标，正式划入日本版图。4 月 17 日中日双方签订《马关条约》，注明将"台湾全岛及所有附属各岛屿"割让与日本，条约又指明两国将按照此一条款，以及条约粘附的台湾地图，另行划定海界。甲午战争前，冲绳县知事多次上书日本政府，要求将钓鱼岛、黄尾岛、赤尾岛归其管辖，日本官方都顾及中国清朝政府对这些岛屿的主权主张而没做答复。但是后来日本战胜中国后，通过强迫清朝政府签订《马关条约》而攫取了台湾及附属各岛屿。

（三）漫漫回归路

强权终究不能持久，真理最后定能胜利。日本军国主义强占中国领土台湾及包括钓鱼岛列岛在内的附属岛屿，在第二次世界大战结束后，终于回归祖国。第二次世界大战结束后，根据《开罗宣言》和《波茨坦公告》等国际法律文件，中国收回日本所侵占的包括台湾在内的中国领土，钓鱼岛及其附属岛屿在国际法上业已回归中国。《开罗宣言》和《波茨坦公告》是世界反法西斯战争的伟大成果，是战后国际秩序的重要基石，1945年的《日本投降书》对此明文接受。

二、"一文"激起千层浪

美国有个名叫埃墨里的海洋地质学家。在"二战"期间，他曾为美国海军反潜战研究机构服务。战后他任教于美国伍兹霍尔海洋学院，60年代初，他开始与日本东海大学海洋学家新野弘合作，研究亚洲近海油气资源问题。1961年他们在《美国地质学会会刊》上发表《东海和南海浅水区的沉积物》一文，暗示这些地区可能蕴藏着石油。1967年两人又在《地球物理勘探报告》发表"朝鲜海峡和东海的地层与石油前景"的研究报告，提出了这一地区具有巨大的石油蕴藏潜力的观点。

1968年秋天，美国海军局与日本、韩国和台湾的地质学家一起，利用海军的科学考察船"亨特"号，对东海和黄海的浅海进行了一次大规模的调查。在这次考察的基础上，1969年5月，埃墨里和新野弘合作在《亚洲近海地区矿产资源勘探协调委员会技术报告》中，发表了他们著名的《东海和黄海地质构造和水文特征》的报告。报告明确指出东海是"世界上石油前景最好而未经勘探的地区之一"。此言一出，语惊四座。

1971年6月17日，日、美两国签订《关于琉球群岛和大东群岛的协定》（即"冲绳归还协定"），把中国领土钓鱼岛连同整个冲绳的"行政权"一起归还日本。当时，由于中国大陆和中国台湾当局的抗议，特别是在美国的华人华侨的"保钓运动"轰轰烈烈的开展，美国政府不得不在处理钓鱼岛问题上小心从事。1971年10月29日，华裔学者杨振宁、吴仙标、邓志熊和布鲁金斯学会的历史学家约翰·芬彻应邀到美国参议院外交委员会做证。11月2日，该委员会全票通过决议，决定将中国的钓鱼岛的行政权交给日本，但不包括主权。至今，美国官方承认钓鱼岛行政管辖属日本，但在主权问题上不持立场，其政策源于此。其实，美国事实上也违反了"旧金山和约"将冲绳通过联合国交由美国托管的安排，在未经联合国安排的情况下，私下将冲绳（包括中国的钓鱼岛）的行政权交给日本，是一种不符合联合国规则而违反国际法的行为。中国政府当即对这种把中国领土"私相授受"的行径提出了抗议，并表示决不接受这种非法行径。

此后，"埃墨里报告"所揭示的钓鱼岛所处的东海大陆架蕴藏有丰富石油资源的论证，便在日本政治家们的脑海中深深扎下了根。随着时间的推移，这种认识更加深入。1997年11月出版的一期日本《军事研究》杂志，刊登了日本前陆上自卫队教官兼研究员高井三郎题为"日本自卫队保卫尖阁群岛的计划"的文章，便直言不讳地声称，在包括尖阁群岛和冲绳在内的东中国海大陆架有150亿吨石油和天然气储藏量，如果日本成功地开发东中国海的石油并独占其成果，便能够从能源资源依赖海外的国家一举变成自给自足的国家。钓鱼岛可被称为是中日关系中的一个暗礁，一旦中日关系出现退潮时，这一暗礁就会显现，威胁着两国关系的稳定。它犹如东中国海上漂浮的一枚水雷，随时可能毁坏中日两国人民友好交往的桥梁。

三、中日钓鱼岛问题的美国因素

中日钓鱼岛争端一直摆脱不了美国的影子。1951年9月4日，美、日等国在没有中国政府代表参加的情况下，召开旧金山会议，并于9月8日非法签订《旧金山合约》，该和约的第三条称："日本对于美国向联合国提出将北纬29九度以南诸岛（包括琉球群岛与大东群岛）、媚妇岩岛以南诸岛（包括小笠原群岛、西之岛与琉璜列岛）及冲之鸟岛与南鸟岛置于联合国托管制度之下，而以美国为唯一管理当局之任何提议，将予同意。"[1]在提出此种建议，并对此和建议采取肯定措施以前，美国将有权对此等岛屿之领土及其居民，包括其领海，行使一切及任何行政、立法与司法权力。"美国解释称，钓鱼岛包括在北纬29度以南之南西诸岛之中，并宣布对钓鱼岛等岛屿拥有所谓"施政权"。[2]具体事实是，1953年12月25日圣诞节，美军驻冲绳诸岛的副总管、二星将军奥格登（D．A．D．Ogden）擅自宣布了"冲绳民政第27号文告"，用6个经纬点在地图上连成了一个近似梯形的六边形，重新划定冲绳诸岛的地域界线，将钓鱼岛划归冲绳诸岛。[3]

不容忽视的是，近年来驻日美军与日本自卫队在靠近东海的冲绳岛周围频繁举行军事演习，所派出的战舰阵容庞大，乃冷战后罕见，这表明美国不会轻易放弃利用钓鱼岛来遏制中日的战略图谋。美国坚持两面下注的渔利立场，不仅难以推动钓鱼岛问题的和平解决，反而会进一步增大爆发军事冲突的可能。美国只是把钓鱼岛作为牵制中日的一个砝码，使两国都有求于己，但却要将中日间的冲突控制在一定范围之内，至少不能爆发战争。因为，如果中日为了钓鱼岛而开战，美国就面临必须为日本提供军事庇护的责任，也就意味着与中国作战，这是美国不愿见到的情形，也是无助于美国的利益。对于美国来说，钓鱼岛问题拖得越久，对美国就越有利。

四、日本"购岛"闹剧

2012年8月15日，日方在钓鱼岛及其附近海域抓扣了14名中国公民及所乘船只，这是对中国领土主权的严重侵犯，在拦截中方船只过程中，

---

[1] 刘江永：《中日钓鱼岛之争中的美国因素》，《世界知识》2011年第9期，第24页。
[2] 孔德生：《保卫钓鱼岛——新中国捍卫领海主权之一》，《党史博采》2000年第1期，第38页。
[3]《若提交国际仲裁钓鱼岛必属中国》，《参考消息》2012年10月9日第11版。

日方舰船采取了夹击等危险行动，中国政府对此表示强烈谴责和抗议。[1]8月19日,日本国会议员和右翼团体成员150人赴钓鱼岛海域举行所谓"慰灵"活动，其中10人登上钓鱼岛，8月24日，日本众议院就独岛（日本称竹岛）和钓鱼岛问题通过决议，称钓鱼岛是日本领土，谴责香港"保钓"人士此前登岛行为。日方企图以通过决议的方式强化其立场的做法是非法和徒劳的，改变不了钓鱼岛属于中国的事实。既然日方表示愿致力于深化中日战略互惠关系和地区和平稳定，就应落实到实际行动上。[2]

2012年9月10日，钓鱼岛争端再次升级。日本政府不顾中方一再严正交涉，宣布"购买"钓鱼岛及其附属的南小岛和北小岛，实施所谓"国有化"。日本"购买"钓鱼岛事件的过程如下：4月16日，日本东京都知事石原慎太郎做出有关政府出面"购买"钓鱼岛的提议。7月7日，日本首相野田佳彦宣称,政府正就购买有关岛屿并实现"国有化"进行综合研究。7月24日，野田在参议院接受质询时称，政府已着手筹措预算，正式启动钓鱼岛"国有化"程序。8月19日，包括数名地方议员在内的10名日本人登上钓鱼岛，并将日本国旗绑在岛上的灯台上。8月24日，日本众议院通过决议，称钓鱼岛是"日本领土"，并谴责中国"保钓"人士登岛。9月2日，日本东京都调查团25人乘坐包船，在钓鱼岛海域展开非法调查。9月3日，日本中央政府与钓鱼岛所谓"岛主"展开正式"购岛"谈判，日本政府准备出价20.5亿日元。9月10日，日本政府决定购买"尖阁诸岛"（即中国钓鱼岛及其附属岛屿）中的钓鱼岛、北小岛和南小岛。9月11日，日本政府确认了将"尖阁诸岛"中3个岛"收归国有"的方针，并决定从2012财年预备金中拨出20.5亿日元（约合1.66亿元人民币）"购岛"。9月26日，野田佳彦在联大演讲后举行记者会称，无论是依据历史还是根据国际法，钓鱼岛都是日本固有领土，日方不会做出违背这一立场

---

[1]《外交部发言人秦刚就钓鱼岛问题发表谈话》，中华人民共和国外交部（http://www.fmprc.gov.cn/chn/gxh/tyb/fyrbt/t961424.htm）。

[2]《外交部发言人洪磊就日本众议院通过涉钓鱼岛问题决议答记者问》，中华人民共和国外交部（http://www.fmprc.gov.cn/chn/gxh/tyb/fyrbt/t963238.htm）。

的妥协。

日本"购岛"行为是对中国领土主权的严重侵犯，是对13亿中国人民感情的严重伤害，是对历史事实和国际法理的严重践踏。中国政府对美、日私相授受中国钓鱼岛的做法从一开始就坚决反对，不予承认。

9月9日，国家主席胡锦涛在出席亚太经合组织第二十次领导人非正式会议期间同日本首相野田佳彦进行了交谈。胡锦涛主席就当前中日关系和钓鱼岛问题表明了中方立场。胡锦涛郑重指出，近来，中日关系因钓鱼岛问题面临严峻局面。在钓鱼岛问题上，中方立场是一贯的、明确的。日方采取任何方式"购岛"都是非法的、无效的，中方坚决反对。中国政府在维护领土主权问题上立场坚定不移。

9月10日，中国国务院总理温家宝在外交学院新校区出席周恩来和陈毅铜像揭幕仪式时，发表讲话说：中国政府和人民比任何人都珍惜来之不易的国家主权和民族尊严，即使在极其艰难困苦的情况下，也是铮铮铁骨。钓鱼岛是中国固有领土，在主权和领土问题上，中国政府和人民绝不会退让半步。

全国人大外事委员会的声明指出，日本应该认清世界大势。当今世界已不是列强当道、弱肉强食的世界；当今中国更不是积贫积弱、任人宰割的中国。中国人民决不接受日本对钓鱼岛及其附属岛屿的非法侵占，日方任何旨在强化其对钓鱼岛地位的企图都不可能得逞。日本应在钓鱼岛问题上悬崖勒马，改弦更张，不要一错再错，否则必将搬起石头砸自己的脚。

全国政协外事委员会的声明说，中日关系发展到今天凝聚着两国几代人的不懈努力和智慧，值得双方倍加珍惜和维护。继续推进中日战略互惠关系符合两国和两国人民的根本利益。我们强烈敦促日方立即停止一切损害中国领土主权的行动，停止在钓鱼岛问题上玩火，与中方共同努力，以实际行动维护中日关系大局。

9月10日，国防部新闻发言人耿雁生就日本"购岛"发表谈话说，日本近年以种种借口扩充军备，频频制造地区紧张局势，接连在钓鱼岛问题上制造事端，值得亚洲近邻和国际社会高度警惕。中国政府和军队捍卫国家领土主权的决心和意志是坚定不移的。中方正密切关注事态发展，保留采取相应措施的权利。

9月11日中国外交部发言人洪磊再次强调，钓鱼岛及其附属岛屿自古以来就是中国的固有领土，有史为凭、有法为据。中方不会容忍任何侵害国家主权和领土完整的行径。9月20日，洪磊在例行记者会上表示，当前中日关系的严峻局面完全是由于日方非法"购买"钓鱼岛所致，责任完全在日方。钓鱼岛及其附属岛屿自古以来就是中国的固有领土，中国对此拥有充分的历史和法理依据。日方做法侵害了中国领土主权，无论根据国际法还是中国国内法都是非法行为。9月27日外交部发言人秦刚就日本首相野田佳彦联大记者会涉钓鱼岛言论答记者问时说道：中方对日本领导人在钓鱼岛问题上顽固坚持错误立场表示强烈不满和坚决反对。一个战败国却要霸占一个战胜国的领土，岂有此理？！日本在钓鱼岛问题上的立场和做法，践踏了《联合国宪章》宗旨和原则，本质上是不能彻底反省和清算日本军国主义侵略历史，企图否定世界反法西斯战争胜利成果，挑战战后国际秩序。[1]

除了密集发声谴责抗议日本一意孤行的"购岛"行为，中国政府同时采取了一系列实际措施捍卫主权。

9月10日，就在日本政府宣布"购买"钓鱼岛的当天，中国政府发表声明，公布钓鱼岛及其附属岛屿领海基线。[2] 根据《中华人民共和国领海及毗连区法》，这意味着外国军舰、公务船未经中方允许进入钓鱼岛海域将被视为入侵，中国海监、渔政、军舰有责任和义务到钓鱼岛海域巡航，维护国家主权。中国在1958年公布的关于领海的声明，确定了中国领海宽度为12海里。1992年中国颁布了《中华人民共和国领海及毗连区法》，以立法的方式确定了中国领海的基本制度。9月13日，中国常驻联合国

---

[1] 中华人民共和国外交部（http://www.fmprc.gov.cn/chn/gxh/tyb/fyrbt/t974165.htm）。
[2] 中华人民共和国中央人民政府（http://www.gov.cn/jrzg/2012-09/10/content_2221140.htm）。

代表李保东大使约见联合国秘书长潘基文，提交了中国钓鱼岛及其附属岛屿领海基点基线坐标表和海图。至此,中国已履行了《联合国海洋法公约》所规定的义务，完成了公布钓鱼岛及其附属岛屿领海基点基线的所有法律手续。此次公布的钓鱼岛领海基线，是根据在钓鱼岛及其附属岛屿上选定的 17 个领海基点划定的，从基线往外延 12 海里范围即为中国领海。

此外，自 9 月 11 日起，中央气象台把钓鱼岛及周边海域的天气预报纳入到国内城市预报中，内容包括温度、湿度、风速、风向、降雨量等气象要素。预报除在中央电视台新闻联播《天气预报》节目里播出外，还将通过广播、网络等多种渠道进行发布。

国家海洋局国家海洋预报台也于 11 日起在继续保持原有海洋预报的基础上，将每天对钓鱼岛附近海域的未来 24 小时海况、海浪和海温等海洋要素变化情况进行预报。钓鱼岛附近海域是各种海洋灾害频发的海域，又是中国渔民的传统作业渔场，进行钓鱼岛附近海域的海洋环境预报，对维护中国的海洋权益、确保海上作业渔民、过往船只和有关部门对钓鱼岛附近海域巡航活动的安全都具有重要意义。

9 月 13 日，台湾海巡部门派 500 吨级的连江舰与 600 吨级的花莲舰赴钓鱼岛海域操演护渔。花莲舰曾参与南海护渔及多次海上救援任务。其实，在钓鱼岛海域的捕鱼旺季，台湾当局每天都会派遣至少一艘以上的舰艇采取交接的方式维护台湾渔民的安全，并且会维持至少一艘大型舰艇在北方海域巡弋，如果遇到渔季或特殊状况会机动弹性调整，坚决贯彻台湾当局的护渔决心。2012 年 9 月 14 日 6 时许，由中国海监 50、15、26、27 船和中国海监 51、66 船组成的 2 个维权巡航编队，抵达钓鱼岛及其附属岛屿海域，对钓鱼岛及其附属岛屿附近海域进行维权巡航执法。这是中国政府宣布《中华人民共和国政府关于钓鱼岛及其附属岛屿领海基线的声明》后，中国海监首次在钓鱼岛及其附属岛屿海域开展的维权巡航执法，通过维权巡航执法行动，体现我国政府对钓鱼岛及其附属岛屿的管辖，维护我国的海洋权益。9 月 25 日，40 艘台湾渔船及 8 艘台湾"海巡署"舰艇驶入了距离钓鱼岛附近区域，抗议日本将钓鱼岛"国有化"活动。这是日本政府"购岛"闹剧之后首次有台湾船只前往抗议并驶入距离钓鱼岛 12 海里的中国领海。2012 年 10 月 1 日—8 日，由 4 艘海监船和 4 艘渔政船组成的中国公务船编队在钓鱼岛周边海域实施执法，在同一时期巡航的还有台湾"连江 125"号海巡船。这表明，中国已经改变了钓鱼岛地区过去由日本单方面非法管辖的现状。

"购岛"闹剧和日本政府的"国有化"行动是近年来日本在钓鱼岛问题上采取的最严重的单边行为，严重损害了中日关系的健康发展。日方上演"购岛"闹剧，不仅出于其国内政治、经济利益方面的考虑，更蕴含着中日国力此消彼长、日本对"二战"清算不力等深层次原因。日本政府"购买"钓鱼岛，表面上看是政府出钱购买私人土地，以维持钓鱼岛现状，实际上是企图通过显示其对钓鱼岛的所谓"有效控制"，达到向国际社会"宣示主权"的目的。日本右翼势力和部分保守派政客正在借助深化日美同盟之机，通过类似钓鱼岛这样的问题与邻国不断制造摩擦，意图挟美国之力摆脱战后体制，恢复因"二战"侵略他国丧失的部分国家对外职能，一步步接近其"普通国家论"所诠释的政治军事大国化战略目标。

第三节　中日对钓鱼岛的权利主张及法理依据

关于钓鱼岛列岛的主权归属问题，中日两国一直坚持各自的主张并提出了许多相关证据。具体如下列所示。

一、中国主张及法理依据

中国主要从地理、历史和国际法 3 个方面阐述对钓鱼岛列岛享有主权。

（一）地理依据

首先，钓鱼岛列岛从形成和地质特点上看是台湾附属岛屿。从钓鱼岛列岛的形成来看，钓鱼岛列岛与台湾列岛同属远古喜马拉雅造山运动的产物。在地质上，钓鱼岛列岛与花瓶屿、棉花屿、彭佳屿一起，都是台湾北部近海的观音山、大屯山等海岸山脉延伸入海后的突出部分，是台湾附属岛屿的一部分；另外，在地质成分上，钓鱼岛列岛是与福建、浙江、台湾三省相同的酸性火成岩体。以上均说明，钓鱼岛列岛与中国有不可分割的联系。

其次，钓鱼岛列岛具有明显的大陆架特征，是中国大陆架的自然延伸。钓鱼岛列岛的基层地形特点与中国大陆的地块相同，据地质学家调查，钓鱼岛列岛作为东海大陆架的一部分曾在晚更新世玉木冰期时出露成陆地，与我国大陆连成一片，后来由于地壳运动，才逐渐与中国大陆分离。钓鱼岛列岛周边的海域朝着中国或台湾方向的水深约为130米，离中国大陆越近越浅，从中国、台湾方面来看，200海里的等深线从台湾基隆海边小岛通过钓鱼岛、南小岛、赤尾屿向东北延伸，形成了发端于中国大陆的大陆架，钓鱼岛列岛恰好坐落在这一大陆架的边缘，形成大陆架的自然延伸。

最后，钓鱼岛列岛与日本相隔冲绳海槽，构成中日大陆架的自然分界。冲绳海槽南北走向，北浅南深，地壳厚度约为18.5~22千米，坡度可达10度，分别构成西部（中国东海大陆架）与东部（日本琉球岛架）的陆坡。西部（中国东海大陆架）地壳厚度达30千米以上，为稳定的大型沉降盆地，而东部（日本琉球岛架）地壳运动活跃，构造盆地形成时间较新，发育时间短，不稳定。由于冲绳海槽两侧的地质构造性质截然不同，因而冲绳海槽成为中国大陆架与日本大陆架之间的自然分界线，这在地理上说明了钓鱼岛列岛决不可能是日本大陆架的自然延伸。

（二）历史依据

首先，钓鱼岛列岛是由中国人首先发现和命名的。据史料记载，最早发现钓鱼岛的是明朝派往琉球的册封使节的杨载。1372年，明朝册封使杨载奉命出使琉球，钓鱼岛位于杨载必经的航道上，杨载的船只停靠在钓鱼岛，并第一个驻足该岛。《明史》中正式记载有"正使杨载册封琉球国王察度"，[1]明朝皇室档案《明实录》中录有"杨载持诏谕琉球国"诏书的全文，证明杨载确实是明朝册封使节。[2]

其次，中国自明代起就对钓鱼岛列岛实施了有效管辖。明代的历史文献中有中国古代政府对钓鱼岛列岛进行军事防守的记载，说明中国古代政府早在那时就已经通过军事手段对钓鱼岛列岛进行了管辖。1562年明朝浙江提督胡宗宪主持编纂的《筹海图编》记载了当时防御侵寇的战略战术和要塞哨所的配置，以及兵器舰船的制造方法。该书卷一《沿海山沙图》收录了整个遭受倭寇袭扰的中国沿海地区地图，以西南到东北为序，"福七"至"福八"记载了福建省罗源县、宁德县沿海的各个岛屿，其中有"鸡笼山""彭加山""钓鱼屿""化瓶山""黄尾山""橄榄山""赤屿"，由西向东排列着，其中，"钓鱼屿""黄尾山""赤屿"与今天钓鱼岛、黄尾屿、赤尾屿位置一致，可见早在明代，钓鱼岛列岛就已被作为中国领土列入了中国的防区。[3]

最后，除了中国方面的历史证据之外，日本和琉球方面的文献也证明钓鱼岛列岛是中国的领土。日本最早有钓鱼岛记载的书面材料当算1785年林子平所著《三国通览图说》的附图"琉球三省并三十六岛之图"。《三国通览图说》和5页附图，是1785年（天明五年）"秋东都须原屋市兵卫梓"最先出版的。这张地图是彩色印刷的，以中国清朝康熙册封使徐葆光的《中山传信录》为依据的，并照引徐葆光的话称，久米岛是"琉球西南方界上镇山"。但他并不是机械地根据《中山传信录》绘制地图，《中山传信录》中的图没有按国分色，而林子平却用色彩把它们分开了。日本著名的国际法学者田烟茂二郎与石本泰雄合编的《国际法》一书中称："在历史上中华大陆的帝国，与琉球国有着一定的朝贡关系，琉球是在1372年起向明朝朝贡的，这一关系一直持续到清朝。1880年前后，琉球向中国

[1]《明史》卷二，《太祖纪二》，中华书局1997年版。

[2]《明太祖实录》卷七一，洪武五年春正月甲子条。

[3] 胡宗宪、郑若曾编：《筹海图编》卷一，明嘉靖四十一年（1562年）。

的航海因朝贡而繁多，中国方面在琉球王交替之际派遣了册封使。这些大量的文献记载均存于中国。根据这些记载，中国主张琉球范围的'尖阁诸岛'数百年前就是中国的。"[1]

（三）国际法依据

首先，根据时际法原则，中国在 15 世纪已经通过发现获得了钓鱼岛列岛的主权。时际法，原为国内法原则，用以确定因法律变更而引起的新旧两法在时间上的适用范围的问题。1928 年，仲裁员休伯尔 (MaxHuber) 在帕尔马斯岛仲裁案中，首次明确地阐述了"时际法"(Intertempora1Law) 概念，即一种行为的效力，只能按照与之同时的法律观点来判断，并将这一概念作为国际法原则适用于该案。自 1928 年帕岛仲裁案以来，时际法原则已成为一项公认的国际规则，因而也是我们用以判断钓鱼岛主权归属的有效法律依据。[2]

按照休伯尔推导出的时际法原则 (亦称休伯尔公式) 所包含的第一个要素，即"权利的创造必须根据创造权利时的法律予以判断"，则判断钓鱼岛主权归属应适用的法律应该是 15 世纪的国际法。那时的国际法承认"发现"或象征性占有是领土原始取得的有效方式。所谓"发现"，通常是指"自然界的发现或单纯的视力所及"而言，也有人将其理解为"视力所及"，登陆或不登陆均可。如前所述，从中国方面所举的历史文献来看，中国至晚于 1403 年的《顺风相送》一书中已有关于钓鱼岛等岛屿的记载，中国渔民长期以来在钓鱼岛附近从事生产生活活动，中国早已通过"发现"取得对钓鱼岛列岛的主权，并于明代由中国政府正式将钓鱼岛列岛列入军事防守的范围。显然，钓鱼岛列岛自古以来一直是中国的固有领土。

其次，根据"二战"后签订的国际条约，日本必须归还钓鱼岛列岛。1969 年《条约法公约》第 26 条规定，凡有效的条约对其各当事方皆有

[1]【日】井上清：《钓鱼岛史与主权》，中国社会科学出版社 1997 年版，第 24 页。

[2] 吴辉：《从国际法论中日钓鱼岛争端及其解决前景》，《中国边疆史地研究》2001 年第 1 期，第 75—83 页。

拘束力，必须由各当事方善意履行。1945年7月26日发表了以中、美、英三国署名的《波茨坦宣言》，其中第8条强调必须实施《开罗宣言》条件，而日本国的主权必将仅限于本州、北海道、九州、四国及吾等所决定的诸小岛之内"。《波茨坦宣言》不仅是要履行《开罗宣言》，而且进一步就"本州、北海道、九州、四国以外的诸小岛"是否归属于日本国规定了由"吾等决定"，也就是由宣言国决定，日本国自身没有决定权。1945年8月14日，日本政府决定接受《波茨坦宣言》的无条件投降。也就是说，钓鱼岛的归属，由签署《开罗宣言》中美等国决定，而收复钓鱼岛，则是中国的权力。

归纳起来，中国政府在钓鱼岛问题上的立场包括以下3个要点：

1. 钓鱼岛列岛，是台湾的附属岛屿，自古以来就是中国的领土。

2. 日本占据钓鱼岛列岛是其发动侵略战争的结果，不能产生对钓鱼岛列岛的领土主权。

3. 战后，美、日之间以中国领土私相授受的行为，完全违反国际法，丝毫不能改变中国对钓鱼岛列岛的领土主权。

二、日本主张及法理依据

日本声称其拥有"尖阁列岛"（即钓鱼岛）主权的依据主要有4个方面。

第一，日本人最先发现钓鱼列岛，并最早加以开发、利用，因此钓鱼列岛在此之前是"无主地"，根据国际法先占原则，钓鱼岛是日本的"固有领土"。日本方面提出的证据是日本商人古贺辰四郎首先发现了钓鱼岛，并曾于1896年向日本明治政府租借"尖阁列岛"中的4个岛屿进行开发经营，1918年其子古贺善次又继承父业，改为有偿租用。这说明日本已经通过民间对钓鱼岛列岛实行了有效统治。[1]

第二，1951年《旧金山和约》第三条将钓鱼岛各岛列入美国施政地

---

[1]【日】井上清：《钓鱼岛史与主权》，中国社会科学出版社1997年版，第13—14页。

区，日本应放弃的领土中未将"尖阁列岛"包括在内，而将其置于美国行政管理之下。由于当时中国对此未提出异议，说明中国政府并不认为对钓鱼岛列岛享有主权。1971年6月17日，日美又签订了《关于琉球诸岛及大东诸岛的日美协定》，其中宣布将包括钓鱼岛列岛在内的北纬24度、东经122度区域内各岛、小岛、环形礁及领海归还日本，日本据此取得对钓鱼岛的主权。

第三，按照时效原则，日本拥有对钓鱼岛的事实管辖权与主权。日本一名国际法教授奥原敏雄认为，尽管钓鱼岛是中国领土，但日本已占领了50年了，按国际法的"时效原则"，就应该属于日本了。

第四，日本方面提出证据称中国曾承认尖阁是日本领土。这一证据是指民国九年(1920年)5月20日中华民国驻长崎领事冯冕因被救援的中国渔民给冲绳县石垣村"感谢状"。全文内容是："中华民国八年福建省惠安县渔民郭和顺等31人遭风遇难漂泊至日本帝国冲绳县八重山郡尖阁列岛内和洋岛，承日本帝国八重山郡石垣村雇玉代势孙伴君热心救护使得生还故国询属救灾恤邻当仁不让，深堪感佩，特赠斯状以表谢忱。"日本方面据此认为中国曾承认钓鱼岛"属于日本"。另外，日本有人指出，中国出版的地图也曾使用过"尖阁列岛"或未标明钓鱼岛，以此作为日本对钓鱼岛列岛领有主权的根据。

因此，日本政府的法理依据可以归结为三点：

第一，"尖阁列岛"，在明治二十八年（1895年）并入日本版图，是日本南西诸岛（冲绳南部群岛）的一部分。

第二，日本对该列岛拥有领土主权的国际法依据是"无主地先占"规则，而不是《马关条约》，因而与甲午战争无关。

第三，日本'合法'取得对钓鱼岛列岛的领土主权，因此，该列岛不属于日本在战后应当放弃的土地。

以上是日本一直坚持的法理主张，当我们只要略加分析，就能认识到这些论调纯属无稽之谈，难以立足。

三、日方主张的荒谬之处

第一，目前有大量历史依据证实钓鱼列岛是中国人最早发现的，而且中国人给自己发现的土地定了中国名称，这些名称在中国古代的册封使使录中有多次的记载。不仅如此，这些使录中记载钓鱼列岛的部分，已被琉球王国宰相向象贤所承认，并在这个王国的记录中加以引用。日本的近代民族主义先驱者林子平也承认这个事实，而且林子平的著作很受西欧东方学者的重视。换言之，中国对钓鱼岛的主权早已得到国际确认。自明朝开始，中国政府已把钓鱼列岛划入自己的海上防御区域之内，并加以开发、利用，把钓鱼岛上的陡峰作为航海指标。中国台湾渔民经常到钓鱼岛附近捕鱼作业，并登岛采药。所有这些，均比日本人古贺辰四郎1884年所谓"发现"钓鱼岛至少要早得多，可见钓鱼岛并非"无主地"，而是中国的固有领土，日本根本无法运用"先占"原则，取得钓鱼岛主权。

第二，日美之间的条约、协议不能作为日本声称拥有钓鱼岛主权的法律依据。1894年年底，甲午中日战争日本胜券在握之际，拟定迫使清政府割让台湾作为媾和条件，并在未通知清政府的情况下先秘密窃取了钓鱼岛。虽然在《马关条约》中没有写明钓鱼岛是作为台湾的一部分割让给日本的，但是实际上日本是趁胜把台湾及其附属岛屿钓鱼岛一起从中国领土上割去了。既然日本表示接受了《波茨坦公告》，当然就已把台湾的附属岛屿钓鱼岛还给了中国。《旧金山和约》是1951年9月8日美国排除中华人民共和国而一手包办的单独对日和约，中国政府已多次发表声明宣布该条约是非法、无效的。这怎能说中国未对钓鱼岛划归美国管辖下从未提出过任何异议呢？中国已否定了整个《旧金山和约》，自然包括其中的具体规定。

第三，至于中国有些地图集上沿用日本名称标出"尖阁列岛"，（如1960年中国地图出版社出版的《世界地图集》第25~26页日本领土地图上注明"尖阁列岛"）这并不能说明中国承认钓鱼岛属于日本。翻到此地图集的最后一页，我们可以清楚地看到一行小字："中国部分国界线根据解放前《申报》地图绘制。"这里有必要解释一下"解放前申报地图"的含义，抗战期间，《申报》于1942年在日本占领下的上海被迫按日本侵略者的旨意出版地图，将中国领土钓鱼岛标注为"尖阁列岛"。这是日本对华侵略战争的产物。中国解放之后，百废待兴，需要出版世界地图集，而未来得及彻底核对解放前《申报》的地图。尽管如此，中国并未忘记声明"解放前《申报》"这一帝国主义侵略痕迹，表明这不是中国的观点。所以日本仅就中国五六十年代少数残留其侵略痕迹的地图来证明中国承认日本拥有钓鱼岛主权是站不住脚的。

第四，所谓"时效原则"的运用，貌似法律依据，实则张冠李戴。国际法中的"时效原则"规定一国如果占据了一块无主土地，并无人提出异议，则在50年后，该国自然对此地享有主权。显然这一原则完全不适用于钓鱼岛列岛，因为钓鱼岛并非是无主岛屿。虽然日本在甲午战争后侵占该岛，历时近50年，但"侵略不能产生效力"，这是国际法的基本常识。"二战"后，中国虽然没有实际控制该群岛，但已否认了美国对该列屿的管辖权。1972年后，日本力图控制钓鱼岛海区，以便造成既成事实，以等待"五十年的时效"，但中国政府绝不会答应。因为中国政府一直对日本在钓鱼岛制造的事端，发表了声明，提出过交涉，这在法律上便成为有力的证据。日本一些学者试图玩弄所谓"时效原则"，那是徒劳的，仅能作为一块为殖民主义扩张理论招魂的祭牌。

钓鱼岛争端和东海大陆架划界争端是中日两国在东海亟待解决的两个问题。虽然前者与领土主权有关，而后者关涉海洋划界，但二者相互交织并与中日两国的利益密切相关。对中国而言，选择先易后难，循序渐进的方式来解决海域划分争端更为容易，即先从解决钓鱼岛争端入手比较符合中国的利益。

尽管中日在钓鱼岛问题针锋相对，各不相让，但是两国还是存在着某些共识的：1. 日本对华侵略战争以及因之缔结的不平等条约不能产生领土主权。2. "二战"后美军对钓鱼岛实施的"托管"与"归还",不能改变该列岛的既定权属。

当前,中日国力对比和相互依存关系正在发生历史性变化,中国经济总量已经超越日本成为世界第二这一事实,使得许多日本人难以接受并陷入焦虑,担心解决与中国的领土争端"时不我待",不惜在钓鱼岛问题上放手一搏。从深层次看,战后日本始终没有对"二战"战争罪行真心悔悟、彻底清算,这也直接导致了其国内右翼思潮的膨胀和军国主义思潮的死灰复燃。

第四节 钓鱼岛问题的解决途径探析

钓鱼岛问题是一个历史问题,又是一个现实问题。钓鱼岛自古以来就是中国神圣不可分割的领土,但近代以来日本觊觎钓鱼岛并通过战争和所谓"冲绳归还"侵占和试图长期霸占钓鱼岛。这一切与日本明治维新之后的扩张政策及海洋观、"海洋国家"战略密不可分。小泉政府时期的中日关系一度陷入冰期,至今尚难解冻。钓鱼岛归属问题、东海划界和海上资源开发问题以及台湾问题等都极有可能构成中日海上危机的触发点。中日之间一旦发生海上军事冲突,不仅严重损害中日两国关系,阻碍中国和平发展的进程,对亚太地区的战略态势乃至全球的战略态势也必将产生重大影响。如何在维护中国国家主权和利益的同时,防范和控制中日海上危机的发生,已经成为中国外交的一个重要课题。在钓鱼岛归属问题上,中日两国"和则双赢,斗则两败",而应结合历史充分考虑海域划界的诸多因素,来探寻可供选择的解决途径。

一、岛屿归属问题的考虑因素

从海域划界的国际司法与仲裁实践来看,国际法院或仲裁法庭在适用公平原则时，主要考虑了以下相关因素。

（一）地理因素

海洋划界的所有案例都强调地理因素在海洋划界中的重要性。地理因素包括海岸形状、海岸线长度的比例、岛屿以及海港工程。其中海岸线长度的比例是考虑最多的因素之一，也是我国与他国划界所应考虑的重要因素之一。

（二）历史性权利

在海域划界的众多实践中，有部分国家提出传统捕鱼权这个概念，然而国际法院都未予考虑。而历史管辖权则相对具有说服力。在海域划界中，历史性权利能否成为应考虑的相关因素，目前尚无定论。[1] 自 1928 年帕尔马斯岛仲裁案以来，时际法原则已成为一项公认的国际规则，此外，国际法要求在发现"无主地"的同时必须进行有效占领，才能确立对土地的领有权，这也是我们用以判断钓鱼岛主权归属的有效法律依据。根据这一原则，中国早在 15 世纪已通过发现这些岛屿而获得其主权，当时的国际社会普遍采用"发现"或者"象征性的占有"来确立一国对某一土地的主权。因此，根据时际法这一国际法原则，那时的中国确实已经取得了钓鱼岛的所有权。并且，其后中国也对钓鱼岛进行了管理，而日本在甲午战争时期占领钓鱼岛时，该钓鱼岛已是"有主物"，既然是"有主物"，当然不符合先占先得的成立条件。

（三）保护资源的统一性

国际法院对大陆架划界时主要考虑的是保护矿床的统一性，而在涉及 200 海里专属经济区的海域划界中，如何保护海洋生物资源，平等利用自然资源也是需要考虑的重要因素。目前的发展趋势则是在相关海域划出共同渔业区实施共同开发与管理，这在 1981 年冰岛挪威扬马延大陆架调解案、澳大利亚—巴布亚新几内亚海洋边界条约等实践中均得到很好的运用。

---

[1] 吴辉：《从国际法论中日钓鱼岛争端及其解决前景》，《中国边疆史地研究》，2001 年 3 月第 10 卷第 1 期，第 75—83 页。

（四）经济因素

国际法院和仲裁法庭在适用公平原则进行海域划界时，一般不考虑经济因素，除非它对"有关国家的人民生计和经济福利带来灾难性的影响"。目前国际海域划界的实践和发展趋势来看，对主要涉及到专属经济区（或渔区）的划界，有可能会对经济因素给予更多的考虑。

中日东海大陆架划界涉及到海岸线长度，岛屿的存在及历史性权利的主张等，在划界实践中都应将上述因素考虑在内。

二、解决钓鱼岛争端的途径选择

对于中日钓鱼岛归属问题的解决，国际法学家进行了许多有益的探讨，总结出一些解决方案，大体可以归结为以下三类：武力解决、政治谈判与法律仲裁。

（一）武力解决钓鱼岛争端的可能性

反对以武力解决国际争端的《联合国宪章》，在维护和平的同时也规定了只要国家是行使自卫权或在安理会的授权下使用武力，那么，这种使用武力的行为并不违反国际法。如此看来，中国可否通过武力方法解决钓鱼岛争端，关键要看其行为是否符合《联合国宪章》规定的例外情况。只要符合其中之一，从理论上说，中国则可以采用武力的方式解决钓鱼岛争端。从《联合国宪章》规定的两个例外情况看，由安理会授权中国使用武力夺回钓鱼岛几乎不可能，因为根据国际法，安理会只有在制止对和平的威胁、和平的破坏和侵略行为的情况下才会做出对全体当事国和所有成员国均有拘束力的决议，而钓鱼岛争端只涉及中日两国，并未直接影响到其他国家和地区的安全与稳定，更未构成对国际和平与安全的威胁。并且，美国也会从中阻挠。这样，中国是否可以采用武力方法解决钓鱼岛争端就需判定其行为是否符合行使自卫权的条件。[1] 从钓鱼岛

---

[1] 王秀英：《中日钓鱼岛争端解决方法探析》，《中国海洋大学学报》2011 年第 2 期，第 31 页。

独特的地理位置及其在中、日、美三国相互关系中扮演的重要角色，以及中国解决领土争端的实践等诸多方面进行分析，武力方法被实际应用的可能性仍然较小。

（二）以法律方式解决钓鱼岛争端的可能性

法律方式是指用仲裁和诉讼来解决国家之间的争端。采用这种方法解决国际争端以当事方同意为前提，但是，争端提交给国际法庭或仲裁庭之后，解决争端的主动权即由第三方掌控。第三方做出的判决或裁决对当事方发生法律拘束力。[1] 如果当事方不能取得共同同意，任何司法机关对当事方之间的争端都无管辖权。但在将钓鱼岛争端提交国际司法解决之前，中日两国很难达成共同同意。

现阶段中日钓鱼岛争端的最后解决方案，往往在下述 3 种法律框架内寻求解决。

1. 通过国内立法程序，自行改变原有的法律框架和相关条文。

2. 通过与相关国进行国际谈判，形成双边或者多边的国际条约，为本国创设一个国际法律义务，然后根据"条约必须信守"的最高法律原则，由本国通过国内立法程序，修改国内法，使本国服从相关的国际条约义务。

3. 通过与相关国事先达成协议，将引起两国纠纷的法律事项提交给相关的国际机构，包括仲裁、国际司法、国际调解等机制，由第三方做出对当事国双方均有法律约束力的裁决。

就日本方面而言，由于钓鱼岛一段时间以来曾经处于其实际控制之下，日本在谈判过程中处于优势地位。19 世纪之前，在国际法上，对领土的实际控制具有一定的法律效力。从某种程度上说，事实产生权利，[2] "控制即是一半法律"。[3] 因此，对某一领土实际控制的时间越长，对实际控制者越有利。如果日本同意将钓鱼岛争端提交诉讼或仲裁解决，无异于自动

---

[1] 王秀英：《中日钓鱼岛争端解决方法探析》，《中国海洋大学学报》2011 年第 2 期，第 30 页。

[2] 宋玉祥：《中日钓鱼岛争端的解决方式问题》，《中国海洋法学评论》2006 年第 1 期，第 57—58 页。

[3] 朴春浩：《东北亚解决领土争执之某些消极因素》，载程家瑞主编《钓鱼台列屿之法律地位》，东吴大学法学院 1997 年版，第 73 页。

放弃了目前的有利地位。由此看来，关于钓鱼岛问题，即使中国同意通过国际司法机构解决，日本与中国形成共同同意的可能性几乎不存在。

就中国方面而言，则对国际法存有一种不信任的感觉。首先，近代国际法自引入中国以来，从未维护过中国的权益，反而在西方列强侵略中国的几十年间一直扮演了帮凶的角色，严重影响了中国对国际法的态度。

其次，中国具有与西方文化相异质的独特的文化传统，这种文化传统具有独特的思维方式与语言表达方式。[1]"中西法律文化的分野，形成了在价值理念、政治组织方式、权力运行、政治逻辑思维等各方面都具有不同的表现和特点。现今的国际法治根植于西方文明背景，其基本原则和运作方式都带有强烈的西方色彩，与中国传统文化传统和固有思维方式格格不入"。[2]中国在接受国际法过程中所受的伤害导致了中国政府对近代国际法的信任危机，并对采用诉讼或仲裁手段解决钓鱼岛争端持怀疑态度。

最后，台湾问题成为中日解决钓鱼岛争端的一大障碍。这涉及到一旦上诉国际法院裁决钓鱼岛问题，台湾的法律地位是该如何界定。虽然世界上绝大多数国家都承认中华人民共和国政府是代表中国的唯一合法政府，但问题在于，中国主张拥有钓鱼岛主权的依据之一是该群岛是台湾的附属岛屿，即使中国在钓鱼岛问题上胜诉，钓鱼岛回归后的管辖权也应该归台湾当局所有。在目前两岸尚未统一的情况下，中央政府需要灵活运用国内行政管辖安排和法律规范。

（三）以政治方式解决钓鱼岛争端的可能性

和平解决国际争端的政治或外交方法，通常包括谈判、协商、斡旋、调停、调查、和解等方式。[3]谈判和协商是最基本的争端解决方法。通过政治谈判解决争端的优势在于：1.采用谈判解决争端，主动权完全由当事方掌控，因而其结果也取决于当事方的同意。2.通过谈判达成的解决方案通常由当事方自由协商而成，因而，当事方较容易接受协商结果，从而可

---

[1] 宋玉祥：《中日钓鱼岛争端的解决方式问题》，《中国海洋法学评论》2006年第1期，第57—58页。

[2] 苏晓宏：《中国参与国际司法的困阻与对策分析》，《华东师范大学学报》2004年第3期，第65页。

[3] 王铁崖：《国际法》，法律出版社1995年版，第569页。

以最大限度地保证争端解决的可接受性和稳定性。3. 通过谈判解决争端，当事方均需做出一定的妥协、让步，最终结果往往是双方得失较为平衡。4. 通过谈判解决争端的成本较低，而且当事方可自行控制谈判的进展。正如一些学者所言，"国家行为体更相信和习惯于采用法庭外的外交方法和谈判智慧。"[1]

在领土和边界争端中，中国政府往往声明谈判和协商是争端解决的唯一手段，"搁置争议，共同开发"是中国解决同周边邻国海洋争端的一贯主张。这一主张是积极务实的。如果中日能共同遵循和恪守这一方针，钓鱼岛争端就可望和平顺利地解决。中日两国均为世界上有影响且富有实力的大国，双方选择政治或外交方法解决钓鱼岛争端符合双方的利益。鉴于中国政府的主张，谈判和协商可能成为解决钓鱼岛争端的首选方法。虽然中日通过谈判解决争端的过程中均需做出一定的让步，最终的结果可能是双方利益的折中，但是，通过这一方法解决钓鱼岛争端，主动权始终由中日双方掌握，也能反映两国的部分共同意愿，因此，这一结果对两国而言相对比较公平，也容易被两国民众所接受。

（四）中国解决钓鱼岛争端的策略选择

面对复杂的国内外战略形势，中国需要冷静理性的面对，从和平发展的战略高度去思考对策，从内政外交两方面问题着手，运用经济外交军事等多种手段来处理钓鱼岛争端。

首先，保持官方定期交流机制，妥善处理中日之间存在的问题。目前中日关系中政治关系的僵局不打破，必将影响整个中日关系的稳步发展，"政经皆温"的局面不利于钓鱼岛、东海争端的解决。因此，加强两国首脑的接触与对话，并将这种对话和交流机制化、制度化，存在的问题才能得到商讨和解决。在这样的大背景下，海上危机的发生概率也将可能大为降低。

其次，建立一个区域性安全机构，以保证双边和多边的沟通渠道。集

---

[1] 王秀英：《中日钓鱼岛争端解决方式探析》，《中国海洋大学学报》2011 年第 2 期，第 29 页。

体安全机制是"二战"以来建立起来的较为有效的维护国际安全的途径。中日两国如果同在一个安全机构下，不仅可以增加双方的接触机会，其他成员国也容易为双方的沟通和矛盾的化解创造更多的沟通渠道和平台。因此，建立一个区域性安全机构，有利于调节中日之间包括东海问题在内的各种问题。安全机构作为缓冲阀，可以起到缓解中日矛盾的作用，一旦爆发海上危机时，也可为阻止危机升级发挥有效作用。

再次，建立军事互信与交流机制，防止战略误判的发生。军事互信和军事交流是双方保持接触和了解的重要基础。缺少互信，双方无法交流，而无法交流势必缺乏相互间的了解，没有相互间的了解，极其容易导致战略误判而在一些问题上采取错误的行动。鉴于目前中日总体外交特别是政治外交的冷淡，军事外交或军事交流的难度巨大，但是，如果中日双方能够审时度势地感觉到所面临的政治困境和东海发生危机的潜在可能，打破常规，冲破政治冷淡的束缚，在军事领域加强交流，至少对于制止军事危机提供有效的沟通方式。

再其次，建立海上危机管理机制。鉴于中日在钓鱼岛和春晓油气田附近的摩擦不断，以及两国高涨的民族主义情绪，如果控制不当很可能擦枪走火并引发军事冲突，这并不符合两国的利益。因此，建立危机管理机制显得十分必要，它与战略对话可以形成良好的互动效应，第一时间化解危机和阻止危机升级。

最后，切实加强经济合作，以经济合作促进政治关系发展。中日共同开发东海能源，建立东亚能源储备体系，则这些蕴藏丰富的石油和天然气就能为两国提供长期、安全的能源保障。这样无疑有助于亚太地区的稳定和两国的经济繁荣。目前中日两国经济贸易关系变得更加紧密，已经形成了"你中有我、我中有你"的相互依存关系。随着经济上的不断发展终将导致中日经济相互依存度的升高，两国优势互补。"经济基础决定上层建筑""经热"终将可以将政治加温。[1]

---

[1] 刘强：《中日海上危机的防范与控制》，《世界经济与政治论坛》2006年第4期，第10—11页。

历史教训一再说明，兄弟和则家兴，兄弟心齐则不受外侮。两岸对钓鱼岛并无争议，两岸人民都期待大陆和台湾均不能示弱于日本的玩火，两岸都期待共同开发和利用好老祖宗留下的宝岛。如台湾成功大学王庆瑜教授所言，从民族主义、从凝聚华人或中国人捍卫主权的意志来说，大陆对台湾的领导者是有期待的。同样，台湾人民也对大陆领导者怀有期待。毕竟，今天之两岸，早不是当年受尽列强欺凌之两岸，今天的中华民族，比任何一个时期都拥有更强大的自信心和创造历史的能力。面对中华民族的整体利益受到外来侵犯之时，两岸应抛开私利，携手对外，所有中华儿女都会支持和喝彩两岸共同维护民族利益之义举。

综上所述，在钓鱼岛问题上，中日双方的态势是：中方占理不占势（在历史、法理和地理方面占优势，但未实际控制），日方占势不占理（实际控制，却缺乏历史、法理和地理依据）。理不能改，但势可变。事实上，势已改变。中国海监船只已进入钓鱼岛海域，行使执法权。中国开始对钓鱼岛直接行使管辖权。当然，中国对日外交需要的是更高层次的整体外交，在理念上避免对抗，但决不马放南山；理论上开拓创新，方法上不拘一格；外交上合纵连横，军事上决不服输。只有这样，有理有利有节的谈判才是处理钓鱼岛争端的合理之路！

第五章　南中国海的自然状况、历史与现状

　　南中国海是连接东北亚和东南亚的一片重要的海洋，是中国重要的南部海上疆界。冷战结束后，南中国海曾一度被视为潜在领土争端将转化为冲突爆发热点的海域。近二十年来，随着中国政府提出"搁置争议，共同开发"的政策主张，并与南海周边国家在相互理解与尊重的基础上，加强安全对话与合作，达成维持南海和平稳定的共识，还在2002年签署了《南海各方行为宣言》，从而消除了一些东盟国家对中国的疑虑，促进了相互间在保障地区安全中的协调与合作。时至今日，尽管有时会出现一些摩擦和分歧，中国与南海周边国家还是通过共同努力，维护着南中国海的和平稳定。值得注意的是从2009年以来，由于某些大国的介入，南中国海上突然风云变幻，各种摩擦碰撞起伏不定，严重影响了亚太地区的安全和各国之间的互信。在这种情况下，我们更需要对南海问题追根溯源，全面分析，以期清晰地勾勒出南海问题的历史和现实，以史为鉴，把握今天，共同维护这片蓝色疆域的和平与稳定。

第一节 南中国海概述

一、地理概况与战略地位

南海，又称南中国海，是一片美丽富饶的海洋。它位于东亚大陆与东南亚各群岛之间，北接我国台湾、广东、海南、广西等省区，东南和南面分别隔着菲律宾群岛和加里曼丹岛，与太平洋、印度洋为邻，西南和越南、马来半岛等地相连。南海四周几乎全部被大陆和岛屿所包围，有人称之为亚洲的"地中海"，也有人把南海、地中海和加勒比海称为世界三大内海。

南海海域十分辽阔，几乎是渤海、黄海和东海面积总和的 3 倍。南海盆区东西跨 22 个经度，宽约 900 海里，南北跨 26 个纬度，长约 1600 余海里，总面积达约为 356 万平方千米，平均深度 1212 米，最大深度 5567 米。中国在南海的疆界南起曾母暗沙，东面与菲律宾以马尼拉海沟为界，东南与巴拉望岛 200 米水深线相接，西面与越南也以 200 米水深线相连。中国在南海应管辖的面积约 200 万平方千米。

南海是一个东北—西南走向的半封闭海，海域周围 90% 被陆地所环绕。西临印度洋的主要出口是马六甲海峡、巽他海峡、龙目海峡和奥姆拜海峡，临苏拉威西海的主要出口是巴拉巴克海峡，临东海的主要出口是台湾海峡，临太平洋的主要出口是巴士海峡。

南海周边是中国、越南、泰国、马来西亚、新加坡、印度尼西亚、文莱和菲律宾等国，还有中国的香港、澳门和台湾 3 个地区。

南海沟通太平洋和印度洋两大洋，拥有世界上两条极为重要的战略航线：第一条从马六甲海峡东行，沿中南半岛外海北上，由双子岛北折经中沙群岛东部开往香港；第二条经龙目海峡北上，穿过望加锡海峡，沿菲律宾东海岸开往日本。南海地处太平洋和印度洋之间，从古代开始就被商业航运、能源运输业和主要海军舰队作为联系东亚、非洲和欧洲的主要航道。

冷战结束后，随着亚太地区海上贸易量的不断增大，南海作为国际贸易通道的重要性日益凸显，现已成为经济外向型国家和集团，特别是日本及韩国、中国台湾、中国香港等新兴工业化国家及地区的经济生命线。这些能源和原材料的输入及产品的输出，很大程度上都要依靠南海地区的战略航线。因此，南海素有"世界第三黄金水道"之称。具体来看，日本、韩国、中国台湾地区从中东、非洲、印度尼西亚、马来西亚等地进口的原油，80%以上需要经由南海运输；从南非、越南等地进口的液化天然气和煤，也绝大多数需要走这条线路。可以说，韩国2/3以上的能源供给、日本和中国台湾地区60%以上的能源供给都依赖南海的"生命航线"。中国作为背靠欧亚大陆、濒临太平洋的国家，60%的能源及进出口商品运输线经过南海及印度洋。

时至今日，南海已经成为世界上最繁忙的国际海上通道之一。如果按吨位计算，每年有超过一半的各国商船队需要通过南海，通行量是苏伊士运河的3倍，是巴拿马运河的15倍。数据显示，在国际贸易的航运中，原料和粮食的运量占总运量的90%以上，其中，石油和石油产品约占55%，铁矿石约占10%。每年过往这里的船只达4万多艘。[1]与此同时，南海对于周边各国及美、俄等世界军事大国来说具有军事上的重要意义。它是中国的南疆屏障，是美国联系其印度洋军事基地和太平洋基地的关键通道，也是俄罗斯保持其亚欧各舰队战略联系的最重要航线。

南海地区终年高温，雨量丰富，台风频繁，受季风影响属于热带海洋性季风气候，月平均气温在25℃~29℃之间。从地形上可以把南海盆区划分为两大区域，一是东北部和东南一带的深泓海域，面积达177万平方千米，占南海总面积的52%；二是西部和南部大陆架区域，面积为174万平方千米，占南海总面积的48%。最深处为靠近巴拉望岛的海沟，深度达5016米。南海的大陆架范围包括从台湾海峡到北部湾并延伸至巽他架的沿东亚大陆海床。南海诸岛就坐落在这片大陆架上。由于南海诸岛所处

[1]《南海宝藏》，《中国经济周刊》，2012年第12期。

的海区绝大部分为南海的中心地带，基本上不受到沿岸陆地的影响，因而其水温、盐度、密度、透明度等海洋水文要素，均显示出较高的稳定性。[1] 南海地区占据独特的地理位置，扼守重要的战略通道，近年来作为东亚地区地缘战略枢纽的地位得到了进一步提升。深入认识南海的地缘位置就需要从这一地区星罗棋布的岛礁分布谈起。

二、诸岛分布情况

南海地区广阔的海域散落着大大小小的岛礁、滩岩、沙洲等，共有287个，它们的面积都很小，有的常年露出海面，有的随潮起潮落时隐时现，有的则隐没在海中不为人所知。根据这些岛、礁、沙、滩的地理位置情况，南海诸岛可以分为四个主要岛群:东沙群岛、西沙群岛、中沙群岛、南沙群岛。这4个岛群北起北纬21度附近的北卫滩，南至北纬3度40分附近的曾母暗沙和亚西暗沙等，西起东经109度30分的万安滩，东至东经117度50分的黄岩岛。东西相距900千米，南北相距1800千米。

（一）东沙群岛

南海诸岛中位置最北的就是东沙群岛。东沙群岛位于北纬20度33分到21度10分，东经115度54分到116度57分，主要由东沙岛、东沙礁、北卫滩和南卫滩组成，是南海诸岛中岛礁最少的岛群。从东沙群岛往南海海床突降至1000米，北方的海床则逐渐降至约500米，再上升至中国大陆海岸，距海南岛大约640千米。东沙岛呈新月形，杂草丛生，植物茂密，被我国渔民形象地称之为"月牙岛"或"月塘岛"；而北卫滩和南卫滩则由于丰富的鱼虾资源，成为我国渔民进行渔业作业的重要场所之一。

（二）中沙群岛

南海诸岛中露出水面最少的群岛是中沙群岛。中沙群岛位于北纬15度24分到16度25分和东经113度40分到114度57分之间,古称"红毛浅"，

---

[1] 李国强：《南中国海研究：历史与现状》，黑龙江教育出版社2003年版，第20页。

大部都为水下珊瑚礁滩，只在礁滩的边缘部分有一些生长较快的岩石可在低潮时露出水面数尺。主要岛礁有比微暗沙、波伏暗沙等。中沙群岛中唯一一个岛屿是黄岩岛，又称民主礁，现在是中国与菲律宾之间存在严重争议的一个岛屿。

（三）西沙群岛

西沙群岛位于北纬 15 度 40 分到 17 度 10 分和东经 111 度 11 分到 112 度 54 分之间，距海南岛东南约 200 海里。该群岛可分为东西两群，东北方向的一群又称宣德群岛，有 7 个较大的岛屿和若干礁滩，主要有永兴岛、石岛、南岛、北岛等；西南方向上的一群又称永乐群岛，有 8 个较大的岛屿和若干礁滩，其中主要有甘泉岛、珊瑚岛、金银岛、中建岛、广金岛、晋卿岛等。永兴岛为西沙群岛同时也是南海诸岛中最大的岛屿，面积为 2.13 平方千米。

（四）南沙群岛

南沙群岛大约位于北纬 3 度 40 分到 11 度 55 分和东经 109 度 33 分到 117 度 50 分之间，包括 200 多个岛屿、礁、滩，其中经常露出水面的岛礁散布的面积达 18 万平方千米，从东南向西北延伸 1000 千米，比西沙群岛大 5 倍，是南海中分布面积最为广阔的一个岛礁群。南沙群岛主要岛屿包括太平岛、中业岛、南威岛和马欢岛等。太平岛是南沙群岛的主岛，面积为 0.49 平方千米。南沙群岛的曾母暗沙是中国领土的最南端。

三、自然资源状况

由于特殊的地质构造和地理因素，南海地区蕴藏了包括矿产、化学、动力、海水、空间、动物、植物、旅游等丰富的海洋资源，其中油气资源、矿产资源和渔业资源尤为引人瞩目。

南海海域油气资源十分丰富，素有"第二个波斯湾"之称。根据有关南海油气资源的研究报告表明，南海丰富的油气资源主要蕴藏在南海大陆架海区,这里已知的主要含油气盆地多达十余个,面积为85.24万平方千米,占南海陆架总面积的48.8%。而根据我国国土资源部最新的统计,南海石油蕴藏量达418亿吨,天然气蕴藏量约为7.5万亿立方米,还有丰富的海底可燃冰储量。巨大的油气资源,不断上升的能源需求使得南海地区成为各方更加关注在南海的能源利益。

南海开采油气资源始于20世纪50年代末。1957年英国开始在加里曼丹岛北部大陆架上开采石油,至1963年正式投产。70年代后半期南海油气资源开发得到飞速发展。例如,1975年东南亚石油产量中只有20%是大陆架油井出产的,而这个比例在1980年提高到了50%。[1]南海的主要近岸油田分布在巽他大陆架中南部、巴拉望西北部、苏门达腊盆区北部、南沙大陆架西南部和南海北部中国沿岸大陆架等几个主要地带。

在过去的30年,越南、马来西亚、菲律宾、文莱、印度尼西亚等国成为南海资源的巨大受益者。它们不断加强对南海的开发和利用,开发步伐也从近海大陆架向深海持续推进。一份西方知名石油公司提供的报告显示,上述五国已经与西方200多家石油公司合作,在南海海域合作钻探了约1380口钻井,年石油产量达5000万吨。这个数字相当于中国大庆油田最辉煌时期的年开采量。特别是近年来,亚洲各国经济的迅速发展需要大量的油气资源作为支撑,根据美国能源信息署的远期分析认为,从现在起到2025年,亚洲发展中国家的石油消费预计将平均每年增长3%。如果照这种趋势延续,这些国家的石油需求将从2002年的1510万桶/天上升到2025年的近3360万桶/天。[2]在这种形势下,南海地区的油气资源就显得更加弥足珍贵,也自然而然成为各方觊觎的主要目标。

南海诸岛拥有非常珍贵的矿产资源。在各主要岛屿上有磷酸矿(即鸟粪肥)和石灰矿分布,在大陆架海床上有锰、铜、镍、钴、钛、锡、锆、

---

[1] VALENCIA(MarkJ.),"Oiland Gas Potential,Overlapping Claims,and Political Relations" in George Kentandmark J.Valencia(eds.),Marine Policy in Southeast Asia,University of California Press,Berkeley,1985,p.159.
[2]《南海宝藏》,《中国经济周刊》,2012年第12期。

独居石、磷铁矿和钻石等 30 多种矿物。值得一提的是南海蕴藏丰富的多金属结核，这是重要的海洋矿产，其中最为突出的当推含有多种矿物质元素的锰结核。

同时，南海地区拥有丰富的渔业资源，是东亚地区重要的热带渔场。南海诸岛多为珊瑚礁，又位于热带地区，适合鱼类生长，底栖生物丰富，水产种类繁多。南海所产鱼类达 2000 种以上，虾类达 70 余种，其他各种贝、龟、蟹、软体动物等种类也很丰富。西沙、南沙一带的渔场不仅产量高（一般可达沿海渔场的 2~3 倍），而且经济价值较高，如鱼类有石斑、鲍鱼、鱿鱼、鳓鱼、鳍鱼、鲛鱼、鲨鱼等，贝类有蚝、蛤、锥螺、大蚌等，还有章鱼、海参、海马、海龟、玳瑁、龙虾和各种蟹类。南海地区的渔获量于 1978 年就达到了 500 万吨，据专家评估，南海渔业资源的潜在渔获量约为 650 万~700 万吨。随着捕捞技术的改进，渔场清洁的维护，这一地区的渔获量正在稳步增加。

第二节　南中国海的历史演进

南海凭借其独特的地理环境，重要的战略地位，丰富的能源资源，从古至今一直是周边国家和区域外大国的角力场。尤其是近年来南海问题不断升温，已经成为影响东亚地区安全与稳定的重要问题。对于南海诸岛的归属问题，中国与一些东南亚的声索国存在争议。与这些国家相比，中国有着丰富的历史资料来论证中国对南中国海及其中大部分岛礁拥有法律上的权利。

一、中国的历史依据：中华文明史中的"涨海"与"磁石"

南海诸岛自古以来就是中国的神圣领土。中国人民早在两千多年前就已发现并开发这些岛屿，利用这片海域。

公元前 2 世纪的汉武帝时代，中国人民就开始在南海航行。公元前110 年，汉武帝在海南设置了珠崖和儋耳两郡来管辖海南岛和周边的南海海域，并开辟了中国大陆经南海至印度半岛的海上丝绸之路，开始利用南海。东汉时的杨孚所撰《异物志》记载道："涨海崎头，水浅而多磁石，徼外人乘大舶，皆以铁叶锢之，至此关，以磁石不得过。""涨海"即指南海，"磁石"即是海中的岛礁。三国时的东吴政权曾派康泰出使扶南（今柬埔寨一带），他回国后著有《扶南传》一书，对南海诸岛的形态做了较为精确的描述："涨海中倒珊瑚洲，洲底有盘石，珊瑚生其上也。"在两汉时期，尽管中国人民对南海的认识较以往有所发展，但对南海诸岛的总体认识尚停留在初级阶段。而汉王朝虽然也没有明确把南海诸岛放置在某个行政区划之内，但是已经开始注意这片海域，并着手进行了必要的管理。《后汉书》中记载："交趾别驾陈茂随交趾刺史巡部，涉涨海遇风。"显而易见，东汉时的中国地方官员已经对南海海域进行了巡视。

唐宋元明清历代都有对南海的史料记载。三国以后，由于中国航海业的发展，中国船舶常经南海往返航行于东南亚、南亚和阿拉伯之间。据记载，有聂友、陆凯率 300 艘战船的海南岛之行，有朱应、康泰船队历时 10 余年的南洋远航行为，有法显和尚从印度经海上归国等一系列航上行动。从唐宋时期开始，随着人们对南海的认识了解的深入，出现了专指西沙群岛和南沙群岛的地名。如"九乳螺洲""长沙""千里长沙""万里长沙"等，是指西沙群岛；而"石塘""千里石塘""万里石塘"等，是指南沙群岛。明代《混一疆理历代国都之图》中标有石塘、长沙和石塘。从图中标绘的位置看，后一个石塘是今南沙群岛。清代《更路簿》记载了中国海南岛渔民对南海诸岛所命的名称，并对所习用的南沙群岛各个岛、礁、滩、洲的地名具体方位做了表明，其中南沙共计 73 个地名。当时对一些具体岛屿的命名甚至沿用至今。

在唐代的《旧唐书·地理志》和《韩昌黎集》中，均对当时的南海地区行政管辖有所描述。从这些记载中，我们可以发现，在唐代南海诸岛不仅已经成为振州行政区划的一部分，而且岭南节度使还对南海诸岛进行行政管理。这标志着南海诸岛的行政区划和行政管理，从唐代已经初具规模。尽管这一时期还没有把南海诸岛的整个海域完整地囊括其中，但是中国初步把南海诸岛纳入行政区划的事实已是明白无误了。

从宋代开始，中国就将西沙和南沙群岛乃至整个南海诸岛列入海疆范围，进行管辖并行使主权。北宋时专记军事制度和国防大事的《武经总要》一书就记载了中国水师巡视西沙的历史事实。[1] 从行政区划上来说，宋代泛指今南海诸岛的"千里长沙""万里石塘"均属广南西路琼管吉阳军的行政管辖范围。而南宋赵汝适在公元13世纪的《诸蕃志》序中就有一张标有南海诸岛的海图——诸蕃图。

《元史》地理志和《元代疆域图叙》记载元代疆域包括了南沙群岛。其中《元史》记载了元朝海军巡辖了南沙群岛。[2] 元朝时的著名天文学家郭守敬曾登上西沙群岛进行天文观测。至元十六年（1279年），根据元世祖的命令，同知太史院士郭守敬到南海进行了测量，其行程"南逾朱崖"，最后"测得南海北极出地一十五度"。这是元代南海行使管辖权的体现。至元二十九年（1293年），大将史弼率军在南海海域巡海，足迹远至"七洲洋"和"万里石塘"，表明元代对南海诸岛的管理，也采用了水师巡视的方法。[3] 江西南昌人汪大渊曾两次"附舶东西洋"，并在至正九年以亲身经历写下了《岛夷志略》中有"万里石塘，由潮洲而生，迤逦如长蛇，横亘海中……原其地脉。历历可考。一脉至爪哇，一脉至渤泥及古里地闷，一脉至西洋遏昆仑之地"。[4] 其中"万里石塘"指包括今南沙在内的南海诸岛。而《岛夷志略》中记载的我国南海诸岛的范围，起自广东潮州，曲折连绵向海中延伸，一面到爪哇，一面到文莱和沙巴，一面到越南东南端海域的昆仑岛。由此可见，早在宋元时期，我国南海疆域的范围与界限已

---

[1]（宋）曾公亮、丁度等撰《武经总要前集》（善本），二十卷／抄本，（明）第1368—1644页。

[2]（明）宋濂、王礼等：《元史》，二百十卷，五州同文书局，清光绪29年（1903）。

[3] 李国强：《南中国海研究：历史与现状》，黑龙江教育出版社2003年版，第100页。

[4]（元）汪大渊：《岛夷志略》，苏继庼校释，中华书局1981年版。

经基本确定下来。

　　明清时期有关南海的行政区划已经日趋成熟，而关于水师巡视西沙和南沙群岛的记载就更多了。明代唐胄《正德琼台志》"疆域"词条中记载：琼州府有"千里长沙""万里石塘"。《海南卫指挥佥事柴公墓志铭》记载："广东濒大海，海外诸国皆内属""公统兵万余，巨舰五十艘"，巡逻"海道几万里"。这都表明南沙群岛属于明代版图，明代海南卫巡辖了西沙、中沙和南沙群岛。1405—1433 年，郑和七下西洋，绘制了著名的《郑和航海图》，明确标出南海 500 个地名，其中属于我国部分的地名约 200 个，将南海诸岛分布标为"石塘""万生石塘屿""石星石塘"。根据图上的位置可知，"石塘"即指今天的西沙群岛，"万生石塘屿"即指今天的南沙群岛，"石星石塘"指中沙群岛，自此，南海诸岛中大多数岛礁被列入中国的版图。

　　清朝所出的官方舆图，如康熙时的《大清中外天下全图》、雍正时的《清直省分图》、乾隆时的《皇清各直省分图》和嘉庆时的《大清一统天下图》等，都把西沙和南沙群岛标为"万里长沙"和"万里石塘"，列入清朝的版图。至晚清时，这一标绘更加清晰。1904 年印行的《大清天下中华各省州县厅地理全图》中，将南海诸岛用双线方格图例标绘，明确表示为广东辖区内的府级政区单位。明清时期中国渔民常到西沙和南沙群岛进行渔业捕捞，还上岛开垦种植。这些辛勤的劳作被记录在一本代代相传的名为《更路簿》的书中。《更路簿》详尽地记载了南海诸岛的数十处地名，准确地标明了从海南岛到西沙、南沙群岛所经过的地方，以及这些地方相互间的航行罗盘方位和事件、距离，并且生动形象地表述了各个岛屿、沙洲、暗礁、水道的大小、地形、方位等特征。其中，许多地名为各国航海家所承认和使用。

　　近代中国首任驻外使节郭嵩焘曾乘船经南海西渡。在他《使西纪程》中明确记下南海诸岛为"中国的属岛"。"光绪二年（1876 年）十月，自香港出发""二十四日午正，行八百三十一里，在赤道十七度三十分，计当在琼南二三百里，船人名之"齐纳细"，犹言中国海也。海多飞鱼，约长数尺，跃而上腾至丈许乃下，左近"柏拉苏岛"（Paracels），出海参，亦产珊瑚，而不甚佳，中国属岛也。"[1]1908 年行将灭亡的清政府还应外国人之请求，准备在南海诸岛修建灯塔。1909 年，两广总督张人骏与日本方面就东沙岛主权问题进行了严正交涉，中国政府成功地收回了被日本人无理侵占的东沙岛。同年，晚清政府决定设立西沙群岛事务处，用来维护西沙主权、建设开发西沙群岛。1910 年，清政府更是颁布了《试办东沙岛章程》，拟定了对东沙岛实行行政管理的细节。

除了行政管辖之外，中国人自古就开始开发南海资源。早在两千多年前的汉代，就有史书记载着我国南海出产的贝类。公元 1 世纪，杨孚的《异物志》记载南海产有海龟和玳瑁；公元 3 世纪康泰的《扶南传》就有关于西沙和南沙群岛珊瑚岛礁的形态和成因的叙述。西晋时期就曾有一个有名的石崇与王恺比富的故事，其中用于比富的珊瑚树，只可能来自于南中国海。在这一时期，我国渔民就已经在南海捕鱼。这都说明，我国对南海诸岛物产的开发和利用是世界最早的。唐宋时期，随着我国对南海行政管辖的逐步实施，这一海域成为我国对外交流的纽带，同东南亚一些国家的朝贡活动都是经由这里展开的。

在明代，我国渔民岛南海诸岛进行生产活动的人数日益增加，活动范围不断扩大。海口港、铺前港和清澜港渔民及文昌县等地渔民每年都到南沙群岛去捕捞海参等物。1867 年英国海军部海图局编制的《中国海指南》一书中有关南沙群岛地形、地貌、海流、潮汐和气候等记载很多都是从中国渔民世代相传的生产经验中得来的，其中记载了我国渔民在南沙群岛活动情况。在叙述郑和群礁时谈到"海南渔民，以捕取海参，贝壳为活，各岛都有其足迹，亦有久居礁间者，海南每岁有小船驶往岛上。携米粮及其他必需品，与渔民交换参贝。船于每年十二月或一月离海南，至第一次西南风起时返。"[2] 由此可见，在 1867 年之前，我国海南渔民已久居南沙群岛，并在其上从事渔业和其他生产活动了。

---

[1] 郭嵩焘：《使西纪程》，载《小方壶斋舆地丛钞》，第 11 页。

[2] The China Sea Directory,Hydrographic Office,Admiralty,London,1867.

清末以来，我国海南岛和雷州半岛各地渔民都有人到南沙群岛去捕鱼，其中以文昌、琼海两县最多，每年仅从此二地去的渔船就各有十几条到二十多条。渔民在从事捕捞生产的同时，还在许多岛上种植树木、开垦荒地，南海诸岛上的房屋、庙宇、水井、椰子树等就是他们生产生活的真实记录。而《更路簿》所记载的地名和更路，深刻反映了我国渔民经过长期生产活动后对南海诸岛的认识，是我国最早发现和命名南海诸岛的又一集中体现和有力证明。

综上所述，大量的史料证明，从西汉开始，我国就开始发现并命名南海诸岛，到唐宋时期，逐步对这一地区进行行政管辖，而到了明清时期，南沙群岛海域已经普遍被作为中国海与外国海的界限。我国从官方到民间对南海诸岛的开发和利用，从来没有间断过，南海更是成为了古代中国与外部世界交流的重要通道。而晚清屈辱的百年历史，却给中国在南海的管辖和治理带来了前所未有的挑战。

二、殖民主义的扩张与近代南海的命运

从明朝后期开始，中国封建政府开始推行闭关锁国政策，航海业开始逐渐由兴盛走向衰落，被西方国家远远甩在了后面。而以西班牙、葡萄牙和荷兰为代表的西方国家，则开始大力发展航海业，争夺海上势力范围。中国的南海逐渐成为西方列强争夺的要地，明清时期的封建政府渐渐失去了对这一地区的控制力。19世纪后半期，英、德、法、日等外国势力相继侵入南海诸岛。而刚刚独立的美国，也在没有经过中国政府同意的情况下，利用测量船多次对南中国海的航线、水文等情况进行勘测。[1]1874年，一艘英国考察船到达南沙群岛并修建了房屋，但不久退出。1883年，一支德国探险队在包括西沙和南沙群岛在内的南海诸岛进行调查和测量，清政府由广东地方政府向德国提出抗议，而后德方才停止其

---

[1] 韩振华主编：《我国南海诸岛史料汇编》，东方出版社1988年版，第691—692页。

在南海诸岛的活动。

1885 年中法战争之后，中国承认越南为法国的保护国。双方在 1887 年 6 月 26 日签订的《中法续议界务专条》中议定了南海中的部分岛屿归属，西沙、南沙尽属中国管辖。在 1890 年 4 月 14 日签订的《广东越南第一图界约》中，双方重申了这一条款。

尽管有上述界约的约束，法国并未停止其在南海的扩张行动。1899 年，法国企图在西沙群岛建立一个灯塔。1925 年 7 月、1926 年 7 月，法国军舰两次到西沙群岛勘测。1930 年 4 月 13 日，法国炮舰 "麦里休士" 号占领南沙群岛中的南威岛。1933 年 4 月，法舰占领了南威岛附近各小岛。1933 年 7 月 13 日，法国宣布占领南沙 9 个岛屿。

20 世纪初，日本开始向南海地区渗透。1907 年 8 月，日本商人西泽吉次侵入东沙群岛，并在岛上进行大肆的资源掠夺，由此引发了中日两国关于东沙岛问题的外交交涉。清政府努力维护我国在南海的主权，于 1909 年迫使日本政府承认这一事实。与此同时，日本推行 "水产南进"，歌山县人宫琦等趁机南下，占据了南沙部分岛屿，回国后大肆宣称南海是极有希望的渔场，由此引发了日本渔船的大量南下，皆在我国南沙群岛附近进行活动。

1917 年开始，日本人平由末治、小仓卯之助等相继率人到南沙群岛考察矿产资源。1919 年日本在太平岛上修建了码头，轻便铁道和房舍，开始开采磷矿。1920 年，拉沙磷矿株式会社社长恒藤规隆更是擅自将我国南沙群岛改名为 "新南群岛"。1921 年，该会社开始在太平岛建筑宿舍、火药库、仓库、气象台、铁路、码头、医院和神社等，移居 100 多日本人，开始盗采磷矿，运回日本销售。1923 年，又将盗采范围扩展至南子岛。直到 1929 年，因太平岛上蕴藏的磷矿已开采殆尽，加之受世界经济危机的影响，该公司才宣告停办，人员全部返国。据统计在此 8 年内，日本在南沙群岛掠夺的磷矿多达 26000 余吨。[1] 此外，日本人还觊觎西沙群岛的

---

[1] 李长傅：《帝国主义侵略我国南海诸岛简史》，《光明日报》1954 年 9 月 16 日第 7 版。

磷矿资源。可以说，这一时期日本人对我南海诸岛的侵略野心昭然若揭。

对于法国政府 1933 年关于占领南沙九岛的宣言，除中国政府宣布保留在南海的一切权利之外，日本亦对法国表示抗议，认为这些岛屿属于日本。法国政府在英国的支持下，拒不撤出所占岛屿。

抗日战争爆发之后，日本加紧了对我国西沙、南沙群岛的侵占。1939年 2 月 28 日，日军入侵海南岛，3 月 1 日占领西沙群岛，3 月 30 日驱逐法国人，占领南沙群岛。4 月 9 日，日本正式宣布占领南沙群岛等 3 个群岛，并将之改名为"新南群岛"，划归台湾总督管辖。台湾总督府以 122 号告示宣布占领"新南群岛"，并编属高雄市。

随着"二战"的结束，日本对于我国南海诸岛的占领逐渐走向尽头。1945 年 8 月 10 日，日本战败，西沙、南沙日军向盟军投降。抗战胜利后，当时的中国政府根据 1943 年 12 月 1 日中、美、英三国签署的《开罗宣言》以及 1945 年 7 月 26 日中、美、英三国促令日本投降的《波茨坦公告》于 1945 年 10 月 25 日收复台湾，随后即正式收复西沙和南沙群岛。1946年 9 月 2 日，中国政府发出了关于收复西南沙群岛的训令，经内政、外交和国防三部会商后，遂派出接收人员，由太平、中业等舰护送，于 12月 10 日、11 日到达西沙和南沙群岛，正式开始接收工作。同时，分别竖立了"太平岛""南沙群岛太平岛""南威岛""西月岛"等石碑，碑旁写明"中华民国三十五年十二月立"，重申中国对于南沙群岛的神圣主权。接收后，中国政府还留军队驻守太平岛等地，负责对西南沙群岛及其周边海域的防卫。1948 年，中国海军百余名官兵奉命赴西沙、南沙和东沙群岛进行换防。

然而接收工作并非一帆风顺，在投降日军被遣送的同时，法国乘机占领了南沙部分岛屿并派军舰巡逻。中法两国政府为了解决南海诸岛主权问题曾于 1946 年 10 月和 1947 年 1 月两次进行谈判，但未取得任何结果。中国军舰巡视南海时，法国政府不甘示弱，派军舰"东京号"到达西沙群岛的珊瑚岛，在岛上建立行政中心。中国政府与法国政府围绕着南海问题进行的外交斗争直至越南战争告急才暂告终止。[1] 而法国政府的侵略行径则为此后中国同越南等东南亚国家在南海问题上的争端埋下了伏笔。

当时的中国政府为了巩固对南海诸岛的管辖，还采取了一系列措施：

1947 年 4 月 14 日，国民政府内政部召集各有关部门就《西南沙范围及主权之确定与公布案》予以讨论，会议决定："南海领土范围最南应至曾母滩，此项范围抗战前我国政府机关学校及书局出版物，均以此为准。"

1947 年 6 月 11 日—15 日，广东省政府在广州文明路广东文献馆举办了一次西沙、南沙群岛物产展博会，公开展出各种实物、标本、照片、图表以及历史文物等珍贵资料，参观者达到 30 余万人。

1947 年 12 月 1 日，中国政府内政部重新审定东、西、中、南四沙群岛及其所属各岛礁沙滩名称，正式公布了南海诸岛新旧地名对照表，其中东沙群岛 3 个、西沙群岛 33 个、中沙群岛 29 个、南沙群岛 102 个，合计 167 个岛礁沙滩洲。此外，在图中西起北仑河口，南至曾母暗沙，东至台湾东北共标绘 11 段线，构成了呈 "U" 形的断续线。1948 年 2 月内政部公布《中华民国行政区域图》，其附图即《南海诸岛位置图》。[2] 这种画法一直沿用至今，是我国对南海地区权益范围的清晰展现。

综上所述，近代殖民主义的扩张对我国行使在南海疆域的主权构成了很大的挑战。特别是以日、法为代表的殖民主义者，在南海地区采取了多种令人不齿的侵略行径。当时的中国政府为了维护我国在西沙、南沙的主权，展开了一系列外交斗争，并及时采取措施，确定和公布了西沙、南沙群岛的范围，巩固了我国在这一地区的主权，这为我国确认在南海地区的历史性权利起到了积极的作用。尽管遇到了重重阻力和困难，但是中国政府维护我国在南海地区的管辖权和主权的信念始终不变。1949 年新中国的成立，翻开了中国历史崭新的一页。在新的时期，南海问题进入了新的阶段。我国在坚持和平共处五项原则，积极践行 "睦邻、安邻、富邻" 的

---

[1] 李金明：《中国南海疆域研究》，福建人民出版社 1999 年版，第 108—110 页。

[2] 李国强：《中国南海诸岛主权的形成及南海问题的由来》，《求是》，2011 年第 15 期。

周边外交政策的前提下，为了捍卫在南海海疆的权利，同相关国家进行了一系列的合作与斗争。

第三节　新中国建立后南海问题的发展

1949 年 10 月 1 日，新中国成立。1950—1956 年，新设立的广东省海南行政区派遣人员到西沙群岛调查勘探、开发矿产、捕捞水产、建立气象台，并对西沙渔民进行管理。1959 年 3 月，海南行政区在西沙群岛的永兴岛设立了西沙、南沙、中沙群岛办事处。

然而，在冷战的大背景下，以美国为首的西方国家妄图破坏我南海主权的行动一刻都没有停止。1951 年 9 月 8 日，在中国代表缺席的情况下，旧金山会议召开。西沙和南沙诸岛的主权归属问题在会议上引起争论。在后来签订的和约文本中，仅规定"日本放弃对南沙群岛及西沙群岛之一切权利、权利名义及要求"，而未指明接受该权利的国家。菲律宾政府还一度以此为借口，将南沙群岛视为"盟军托管"之地。这完全是捏造的。

在旧金山会议上，苏联代表曾提出修正案："日本承认中华人民共和国对满洲、台湾及附近一切岛屿、澎湖列岛、东沙群岛以及西沙群岛和中沙群岛及南沙群岛，包括斯普拉特利岛在内的完全主权，并放弃对上述领土的一切权利、权利根据与要求。"但是该项提案被大会投票否决了。中国政府当即发表声明："旧金山对日和约由于没有中华人民共和国参加准备、拟定和签订，中央人民政府认为是非法的、无效的，因而是绝对不能承认的。"中国总理周恩来在 1951 年 8 月 15 日正式发表声明，严正指出：旧金山和约故意规定日本放弃对南威岛和西沙群岛的一切权利而亦不提归返主权问题。事实上，西沙群岛正如整个南沙群岛及中沙群岛、东沙群岛一样向为中国领土，在日本帝国主义发动侵略战争时虽一度沦陷，但日本投降后已为当时中国政府所全部接受。中华人民共和国中央人民政府于此声明：中华人民共和国在南威岛和西沙群岛之不可侵犯的主权，不论英美对日和约草案有无规定及如何规定，均不受任何影响。"9 月 5 日，在旧金山会议上的苏联代表团团长葛洛米柯在发言中指出："中国对南海诸岛拥有完全主权。"在 8 日的记者招待会上，他又重申西沙群岛等岛屿是中国的领土。可以说，在当时的情况下，以苏联为首的社会主义国家对中国的南海主权给予了有力的支持。

此后中国采取了一系列措施维护自己在南海的神圣权利和合法权益。

1956 年 5 月 29 日，针对菲律宾外长加西亚在一次记者招待会上所说的：南中国海上包括太平岛和南威岛在内的一些岛屿，"理应"属于菲律宾，理由是它们距离菲律宾最近，中国外交部发表"关于南沙群岛主权的声明"，中国对于南沙群岛的合法主权，决不容许任何国家以任何借口和采取任何形式加以侵犯。

1958 年 9 月 4 日，中国政府发表"关于领海的声明"，明确规定西沙和南沙等南海岛屿属于中国。

1959 年，中国政府就西贡当局侵犯中国对西沙群岛的主权发表严正声明，亦对美国军舰和飞机入侵中国的南海的领海和领空多次提出抗议。

1969 年 3 月，中国政府将"西沙、南沙、中沙群岛办事处"改称"广东省西沙、中沙、南沙群岛革命委员会"，并在西沙设立人民武装部。

1971 年 7 月 15 日，中国人民解放军总参谋长发表声明指出，"南沙和西沙群岛向来是中国的领土"，要求菲律宾政府立即停止对中国领土的侵犯，从南沙群岛撤出它的一切人员。

1974 年初，西贡当局悍然出动海空军入侵西沙群岛。1 月 11 日，中国外交部对南越当局把中国南沙群岛中的太平岛和南威岛非法划入其领土提出抗议。1974 年 1 月 15 日—19 日，中国海军和民兵进行自卫反击，赶走南越军队，收回整个西沙群岛。20 日，中国外交部再次发表声明，强调"西沙和南沙、中沙、东沙群岛历来是中国的领土"。

1980 年 1 月 30 日，中国外交部发表《中国对西沙群岛、南沙群岛的主权无可争辩》的重要文件，详细阐述了中国对两群岛的历史、法理依据，批驳越南 9 月 28 日的《越南对于黄沙和长沙群岛的主权》的白皮书，指责越南当局出尔反尔的恶劣行径，重申中国对两群岛的主权是无可争辩的。

1981 年 10 月 22 日，中国政府宣布重新设立西沙、中沙和南沙群岛办事处，为广东省人民政府的派出机构，由海南行政公署直接领导。

1982 年 4 月 24 日，中国地名委员会授权公布中国南海诸岛部分标准地名。

1988 年 3 月 14 日，越海军向在南沙赤瓜礁一带考察的中国科研人员发动攻击，中国海军还击，赤瓜礁海战爆发。这场只进行了 28 分钟的海上战斗以越南失败告终。

1989 年 5 月，中国击退越南军队，接管了南沙的另一个环礁。从此中国在南沙西部和西南部海域的地位得到了巩固。中国在南沙群岛西部从北到南陆续控制了渚碧礁、南熏礁、东门礁、赤瓜礁、永暑礁和华阳礁。

1994 年 6 月 16 日，中国外交部发言人沈国放就越南派船进入中国南沙海域万安滩地区进行地球物理勘探作业发表谈话，强调中国对南沙群岛及其附近海域拥有无可争辩的主权，万安滩是南沙群岛的一部分。

1995 年 2 月 8 日，一支由 8 艘船只组成的中国船队控制了南沙东部区域的美济礁，并在其上修建了永久性的渔业避风设施。

1997 年 5 月 22 日，中国外交部发言人发表声明指出，强调南沙群岛的黄岩岛是中国领土，决不允许外国侵犯。

1999 年 1 月 15 日，中国外交部发言人针对菲律宾等国希望将南海问题"国际化"的图谋重申，"中国对南沙群岛及其附近海域拥有无可争辩的主权。""为了维护南海地区的和平与稳定，中方一贯主张通过双边友好协商解决与有关国家之间的分歧。任何外部势力的介入都是不可取的，只能使局势进一步复杂化。"这表明了中国政府在这一问题上的基本立场。

除了依据历史据理力争，宣誓我国在南海的主权之外，我国还不断完善海洋立法，依法维权，占领了道义的制高点。

为了保卫国家的领土、领海和领空，制定相应的海洋立法是非常重要的。中国政府一直高度重视使用法律武器保卫本国海洋权益，维护国际海洋和平和安全，反对海洋霸权。

1958年9月2日，中国政府根据国家主权的原则，在总结建国后国内有关机关在领海管理和控制实践的基础上，结合国际实践颁布的第一个海洋法规，发表了《中华人民共和国关于领海的声明》。该声明规定：领海宽度12海里；领海基线采用大陆岸上和沿海岸外缘岛上各基点之间的直线；外国船舶和飞机在中国领海和领海上空通过的有关规定。中国政府宣布以上规定适用于"中华人民共和国一切领土，包括中国大陆及其沿海岛屿，和同大陆及其沿海岛屿隔有公海的台湾及其周围各岛、澎湖列岛、东沙群岛、西沙群岛、中沙群岛、南沙群岛以及其他属于中国的岛屿"。

1992年2月25日颁布的《中华人民共和国领海及毗连区法》是中国海洋法建设进程中的又一座里程碑。《领海及毗连区法》明确规定中国的领海和毗连区的宽度都是12海里。《领海及毗连区法》在第一条中重申，台湾及其周围各岛、澎湖列岛、东沙群岛、西沙群岛、中沙群岛、南沙群岛都是中华人民共和国的领土，把南海诸岛是中国的领土这一点用法律的形式固定下来。

此外，中国还颁布了许多配套的海洋法规，从各个不同的角度保护本国在内海水、领海和其他海域的权利和权益。

1981年1月12日全国人大颁布了《中华人民共和国对外合作开采海洋石油资源条例》，它以法律的形式允许外国企业参与开采中国的海洋石油资源，对海洋石油资源的所有权和管辖权、中国的石油开采主管部门和专营机构、外国开采权的授予以及开采石油合同双方当事人的权利和义务都做了明确的规定。

1982年8月23日颁布了《中华人民共和国海洋环境保护法》，这一法规的目的是为了保护海洋环境及资源、防止污染损害，保护生态平衡，保障人体健康，促进海洋事业的发展。

1983年9月2日颁布了《中华人民共和国海上交通安全法规》，对加强海上交通管理，保障船舶、设施和人民财产的安全，维护中国的国家权益等做了明文规定。

1983年9月2日颁布了《中华人民共和国海洋石油勘探开发环境保护管理条例》，条例的目的是为防止海洋石油勘探开发对海洋环境的污染损害。它是《海洋环境保护法》的一个重要补充。

中国政府不仅积极参与了联合国第三次海洋法会议制定国际海洋法正式文件——《联合国海洋法公约》的各项工作，而且在国内的海洋法律体系建设方面做了大量积极有效的工作。特别引人瞩目的是，1995年7月，中国外长钱其琛在东盟外长年会上提出中国准备根据公认的国际法包括《联合国海洋法公约》的原则来解决南沙争议。海洋法是当代国际关系中具有十分重要作用的法律。它规定了各国在内海水、港口、领海、毗连区、专属经济区、大陆架和用于国际航行的海峡、公海以及国际海底等各种不同海域的权利和义务；规定了各国在不同的海域中进行航行、开发、利用、海洋科研、海洋环境保护乃至军事行动时要遵守的原则、准则和法律制度。因此，"使用法律武器维护本国的海洋权益"也包含国内和国际两层含义。

《联合国海洋法公约》从1973年年底开始谈判到1994年11月16日公约生效，历时24年之久，是国际法编纂史上前所未有的。《公约》的基本内容是以法律的形式对世界部分海洋进行重新划分，不仅扩大了各国管辖海域面积和可开发资源，而且给沿海国，尤其是发展中海洋国家带来了实惠和利益。根据《联合国海洋法公约》的规定，国家管辖海域的划分及其国家管辖海域的范围（由近及远）分别是：港口、内海水、领海、毗连区、专属经济区和大陆架，其中专属经济区的宽度可达200海里，大陆架的宽度可延伸至350海里。如果以12海里领海宽度计算，中国的内海和领海总面积大约为37万平方千米，但根据《公约》中的专属经济区和大陆架制度，中国管辖海域面积有可能扩大到约300万平方千米。

1996年5月15日，中国全国人民代表大会常务委员批准了《联合国海洋法公约》，这标志着中国开发海洋和全面管理海洋新时代的到来。中国在批准《联合国海洋法公约》的同时表示：1. 按照《公约》的原则，中国在 200 海里专属经济区内和大陆架上享有相应的主权权利和管辖权；2. 中国愿意与有关国家在国际法的基础上，按照公平原则协商解决专属经济区和大陆架的划分问题；3. 中国政府重申中国对 1992 年 2 月 25 日颁布的《中华人民共和国领海及毗连区法》第一条中所列各群岛和岛屿的主权。《联合国海洋法公约》在中国的批准和生效不仅再一次用法律手段肯定了中国对包括南海诸岛在内的中国所属岛屿的主权，也为中国政府与周边国家协商解决彼此之间存在的领土和海域争端提供了一项重要的法律基础。

与此同时，1996 年 5 月 15 日中国政府还发表了《中华人民共和国关于领海基线的声明》，明确划定了中国大陆领海的部分基线和西沙群岛的领海基线。

第四节　中国的南海政策与南海的和平合作大局

中国一向主张奉行和平外交政策，愿意同周边邻国发展相互信任的睦邻友好关系，希望保持东亚和东南亚地区目前的这种政治大局稳定、经济高速持续发展的良好局面。事实上，如果没有中国的这种和平外交政策和在地区争端上的克制态度，上述的良好局面是不可能形成的。

在南海问题上，中国一直反对以武力相威胁，主张通过谈判和协商来解决争端。

早在 1984 年，中国领导人邓小平就提出在解决领土争端时可以暂时搁置领土争执，共同开发。他说："好多国际争端解决不好会成为爆发点"；"是不是有些地方可以采取'一国两制'的办法，有些地方可以用'共同开发'的办法。"

1990 年 8 月，中国总理李鹏访问新加坡时正式提出中国政府愿意按照"搁置争议，共同开发"的原则与有关国家谈判解决南沙问题。这是中国政府首次正式提出这一主张。之后中国领导人曾多次重申过这个主张。

中国的这一主张提出之后，受到了有关各方的欢迎，曾一度缓和了紧张的局势。虽然后来由于各方在领土和司法权上的争论越来越激烈，合作开发南海资源未能实现，但是这一政策仍然是缓和南海局势，促进南海周边各国建立睦邻伙伴关系的重要方法之一。

1994 年 11 月 20 日—22 日，中国国家主席江泽民访问越南，两国发表的《中越联合公报》中清楚地表明了双方的这一立场："不诉诸武力或以武力相威胁。双方对产生的分歧应及时进行磋商，采取冷静和建设性的态度，予以妥善处理；不因分歧而影响两国关系的正常发展。双方同意成立海上问题专家小组，进行对话和磋商。"《中越联合公报》的发表表明两国在南沙群岛和南海的其他解决海上冲突方面迈出了重要的一步。

中国对南中国海形势有着决定性的影响。德国舆论和越南领导人的谈话可以说明这一点。德国《世界报》1997 年 12 月 17 日发表的文章："中国朋友"：至于在吉隆坡的这种行动只是很好的公关活动呢，还是背后有着认真的意图，这要看北京的掌权者能在多大程度上迅速而毫无声息地去掉南沙群岛装置地雷的引信。黎可漂重申了越南长期以来对帕拉塞尔群岛和斯普拉特利群岛的主权要求，但是他说河内寻求通过协商解决问题。他没有具体说明可能通过何种途径解决。他说："越南和中国是兄弟，而且是亲密邻邦。无论产生何种分歧，都可以通过高层会谈找到解决办法。"

为了争取主动，中国政府主张应通过与有关当事进行双边谈判，以解决在南沙群岛领土争端中的分歧。同时，中国政府亦主张在反对南海问题国际化的前提下，就南海问题进行非正式的协商。中国曾派出专家参加了在印尼举行的有关南中国海问题的讨论会。中国还利用东盟外长年会等场合同东南亚各国就南沙问题进行了对话。中国力图通过真诚的行动，增进与东南亚各国的相互了解和信任，为和平解决南中国海问题打下良好的基础。

1995 年 8 月 11 日，中国和菲律宾发表了联合声明，进一步阐述了中国以和平方式解决争端的原则立场，一、以和平友好的方式解决争端；二、以公认的国际法包括《联合国海洋法公约》的原则来解决争议；三、确保南海水域航道的航行自由。此外，为了消除东盟各国对中国日益强大的军力的担忧，中国同意向亚太各邻国提供更多的有关中国防务计划的情况，增加军事计划的透明度并同意与东南亚各国增进高层接触。这些新举措在国际上引起了强烈反响，受到了东盟各国最大限度的欢迎。8月25日，菲律宾释放了3月份被捕的62名中国渔民，一度十分紧张的中菲关系趋于缓和，这不能不说是加强对话和交流的结果。10月，中国与东南亚共11个国家的代表在雅加达发表联合声明，同意在南海的航行、运输和通信等方面展开合作。

1996年3月，中国总理李鹏和菲律宾总统拉莫斯利用曼谷亚欧首脑会议的机会举行会谈，两国决定举行副部长级的会谈商讨南沙问题，会后拉莫斯发表谈话说会谈取得了"突破性"的成果。

中国和东盟开始定期地以外交部高级官员政治磋商的形式进行对话。第二次磋商于1996年6月10日—11日在印尼武吉丁宜市举行。会上，东盟欢迎中国在1996年7月成为东盟的全面正式对话伙伴国，希望在此基础上推进双方关系的全面发展。双方一致认为，中国和东盟之间的共同利益远远大于存有的某些分歧。双方都表示要为中国与东盟关系的长远发展继续做出不懈努力。

此外，中国自1994年起，即成为亚太地区唯一的地区安全问题论坛——"东盟地区论坛"的成员国。中国在论坛中努力向东盟国家做增信释疑的工作。

中国理解东盟国家与中国共同制定南海行为准则的愿望。中国对此持积极态度，并已提交了有关准则的草案。在1999年11月举行的"10＋3"会议期间，外交部部长助理王毅说，中国已与有关国家达成共识：这是一个政治性而非法律性的文件，不需签订；是个原则上的短文件，而非冗长的文件。南沙问题的准则是要中国参与共同制定，中国并非仅仅是签署，但中国对此持积极态度。事实上，中国已向东盟提出了中方的草案，但截至目前为止还未收到东盟的任何草案。他补充说，双方也存在了一些共识：一、这是一个政治性文件，而不是法律文件。二、这应是一个简短的原则性文件，而非冗长的文件。三、文件的内容应仅仅是南沙群岛。四、不赞成南沙问题无关的国家或国际组织介入。

为了以和平方式解决南沙争端，维护南海地区的和平与稳定，东盟各国和中国从 1995 年开始构思制定一套以《东盟友好条约》为基础的南海行为准则。1995 年 8 月，中菲关于南海及其他合作领域磋商的联合声明同意了有关争端的行为准则的八项原则。[1]1996 年，东盟外长会议赞同地区行为准则的构思，随后在 1998 年东盟首脑会议推出了建立行为准则的想法，中国于 1999 年同意谈判行为准则。1999 年 3 月，东盟地区论坛把东盟行为准则的起草任务交给菲律宾和越南，1999 年 5 月，菲律宾把东盟行为准则的第一稿转交给越南。1999 年 7 月 23 日—24 日在新加坡召开的第 32 届东盟部长会议联合公报收回了 1996 年东盟外长协议对地区行为准则的构思，该构思为地区的长期稳定和促进各声称国的相互理解奠定了基础。在新加坡会议上，东盟 10 国外长和 12 个对话国的外长一致同意建立一个行为准则。1999 年 11 月，由菲律宾、越南呈交的东盟行为准则草稿被东盟地区论坛一致同意采纳，准则表示了东盟解决南海争端的共同态度，它不仅对东盟声索国，而且对其他东盟成员国如老挝、缅甸和泰国都具有法律效力。[2]

2000 年 3 月 15 日，中国与东盟在泰国举行的一次非正式磋商中，继续讨论在南海通过一个地区行为准则的可能性。但是中国与东盟在准则的适用范围以及争议区资源的勘探和开发问题上存在分歧。2002 年 7 月，在文莱斯里巴加湾市举行的第 35 届东盟外长会议上，各国表示"南海行为准则的通过将进一步促进该地区的和平与稳定，同意制定一份《南海各方

[1] 八项原则包括同意不使用武力，在平等和相互尊重的基础上通过磋商，以和平友好的方式解决争端；肯定维持正常关系的必要；同意使用国际法，包括联合国海洋法公约作为解决争端的基础。中国也表态，在适当的时机考虑由地区国家提出的多边合作，双方保证促进建立信任的活动。

[2] Nguyen Hong Thao，Vietnam and the Code of Conduct for the South China Sea，Ocean Development & International Law，vol . 32 ,no. 2，April – June 2001, pp114–115.

行为宣言》。在这一点上，为了宣言的通过我们同意与中国密切地合作。"[1]

2002 年 11 月 4 日，在柬埔寨金边召开的第八届东盟首脑会议上，东盟与中国领导签署了《南海各方行为宣言》，行为宣言由 10 点组成。

一、各方重申以《联合国宪章》宗旨和原则、1982 年《联合国海洋法公约》、《东南亚友好合作条约》、和平共处五项原则以及其他公认的国际法原则作为处理国家间关系的基本准则。

二、各方承诺根据上述原则，在平等和相互尊重的基础上，探讨建立信任的途径。

三、各方重申尊重并承诺，包括 1982 年《联合国海洋法公约》在内的公认的国际法原则所规定的在南海的航行及飞越自由。

四、有关各方承诺根据公认的国际法原则，包括 1982 年《联合国海洋法公约》，由直接有关的主权国家通过友好磋商和谈判，以和平方式解决它们的领土和管辖权争议，而不诉诸武力或以武力相威胁。

五、各方承诺保持自我克制，不采取使争议复杂化、扩大化和影响和平与稳定的行动，包括不在现无人居住的岛、礁、滩、沙或其他自然构造上采取居住的行动，并以建设性的方式处理它们的分歧。

在和平解决它们的领土和管辖权争议之前，有关各方承诺本着合作与谅解的精神，努力寻求各种途径建立相互信任，包括：

（一）在各方国防及军队官员之间开展适当的对话和交换意见；

（二）保证对处于危险境地的所有公民予以公正和人道的待遇；

（三）在自愿基础上向其他有关各方通报即将举行的联合军事演习；

（四）在自愿基础上相互通报有关情况。

六、在全面和永久解决争议之前，有关各方可探讨或开展合作，可包括以下领域：

（一）海洋环保；

[1] Nguyen Hong Thao , The 2002 Declaration on the Conduct of Parties in the South China Sea : A Note , Ocean Development &International Law , vol . 34 , no. 3–4 , 2003 , pp. 280–281.

（二）海洋科学研究；

（三）海上航行和交通安全；

（四）搜寻与救助；

（五）打击跨国犯罪，包括但不限于打击毒品走私、海盗和海上武装抢劫以及军火走私。

在具体实施之前，有关各方应就双边及多边合作的模式、范围和地点取得一致意见。

七、有关各方愿通过各方同意的模式，就有关问题继续进行磋商和对话，包括对遵守本宣言问题举行定期磋商，以增进睦邻友好关系和提高透明度，创造和谐、相互理解与合作，推动以和平方式解决彼此间争议。

八、各方承诺尊重本宣言的条款并采取与宣言相一致的行动。

九、各方鼓励其他国家尊重本宣言所包含的原则。

十、有关各方重申制定南海行为准则将进一步促进本地区和平与稳定，并同意在各方协商一致的基础上，朝最终达成该目标而努力。

《南海各方行为宣言》的签订对在南海减少战争威胁或军事冲突，在该地区建立一个合作、和平与稳定的环境，在东盟与中国之间促进建立信任和相互理解具有重大意义。《宣言》标志着东盟与中国的政治信任发展到了一个新的水平，它为对南海岛礁和海域提出声称的国家将来进行有关领土问题的谈判，提供了一个强有力的地区构架。这一宣言是中国与东盟签署的第一份有关南海问题的政治文件，对维护中国主权权益，保持南海地区和平与稳定，增进中国与东盟互信有重要的积极意义。至今，中国与其他南海周边国家都将这份宣言视为维持南中国海和平稳定的基础性文献。如果说建立自贸区标志着中国与东盟经济合作迈上新台阶的话，那么，签署有关南海的行为宣言，则标志着东盟与中国政治信任发展到了新水平。它向外界发出一个明确信号：即本地区各国完全可以通过对话处理好相互间存在的分歧，通过合作共同维护南海地区的和平与稳定。

在《宣言》创造的良好氛围下，中国和东盟国家展开了一系列合作。

2004 年 9 月，在菲律宾总统阿罗约访华期间，中菲两国领导人就南海问题达成了"通过和平方式，加强相互协调和沟通，共同开发利用南海资源"的共识，并签署了联合勘探南海资源的协议。2004 年 9 月，文莱苏丹博尔基亚访华，与中国签署了石油天然气合作协议，并表达与中国加强合作，共同开发南海资源的愿望。2004 年 10 月，中国总理温家宝在访问越南期间，向越方提出"从大局出发，加强南海合作，化冲突、争议之海为和平、稳定、合作之海"的积极倡议，得到了越南领导人的积极响应，越方表"愿从两国大局出发，推动南海合作并加快陆地勘界立碑工作"之后，12 月双方开始就正式启动共同开发南海资源谈判。

2005 年 3 月 14 日，中、菲、越三国在菲律宾首都马尼拉签署了具有标志性意义的《在南中国海协议区三方联合海洋地震工作协议》。该协议规定，菲律宾国家石油公司、中国海洋石油总公司和越南油气总公司将集中资源，联手合作，在三年协议期内，收集南海协议区内定量二维和三维地震数据，并对区内现有的二维地震线进行处理，协议合作总面积超过 14 万平方千米。

《三方协议》的签署具有历史性意义，标志着各方在"搁置争议，共同开发"上的新突破，是对《南海各方行动宣言》的落实和实施，是将南海由争议之海变为和平、稳定、合作之海的具体措施。《三方协议》证明了南海共同开发的可行性，为未来共同开发南海资源铺平了道路。此后，各国又展开了联合利用南海资源的多种合作。例如 2008 年 1 月 12 日，菲律宾众议院议长与中国总理温家宝在北京举行会谈，两国建议签署协议，在南海设立共同捕鱼区，且不排除邀请其他主张南海海权的国家参与。

此外，中国司东盟国家还在南海展开了非传统安全领域的合作。在南中国海的非传统安全合作中，还有一个重要的内容，即共同抗击自然灾害的合作。南海的气候现象十分复杂，这里热带风暴频发，海潮变化多样，对于海上航运、资源开发和渔业活动来说，具有很大的威胁性。为此，南海周边国家间的气候信息分享，提前预报，防灾合作十分重要。中国气象局与越南等国家开展了气象共同预报、交换气象信息、教育培训、就相近区域科学研究、气象鉴定技术、业务管理组织、对亚洲气候的预报、评价和监察。[1] 更为重要的是中国在海上搜寻和救助方面为南海国家和经过南海的国际船只提供了重要的帮助。在海上热带风暴来临时，中国海上救援力量曾为越南、菲律宾等国家的遇险船只给予了直接的帮助，拯救了不少遭遇海难的船员的生命。仅 2006 年 5 月 19 日一天，中国交通部南海救助局在东沙水域成功救助了 15 条越南渔船，330 名越南籍渔民获救。[2] 鉴于中国在南中国海周边国家中具有较大的科技和海上力量的优势，中国为保障南中国海的海上安全做出了重要的贡献。

南中国海环境保护是有关国家开展国际多边合作的一个重要领域。21世纪初，毗邻南中国海的中国、越南、柬埔寨、泰国、马来西亚、印度尼西亚、菲律宾七国共同发起了一项重要的南中国海环境保护的倡议，2002年联合国环境规划署正式组织实施为其五年的题为"扭转南中国海和泰国湾的环境退化趋势"项目，即所谓"南中国海项目"，由上述七个国家参与，围绕红树林、珊瑚礁、海草、湿地、渔业资源和陆源污染控制 6 个领域开展示范区建设，帮助各国有效的保护生物多样性，实现海洋的可持续利用。[3] 该项目实施以来，有效地改善了南中国海区域的生态环境。作为区域海行动计划东亚海行动计划与西北太平洋行动计划的成员国之一，在东亚海行动计划框架之下，中国参与了除珊瑚礁和渔业资源以外的"南中国海项目"的其他 4 个领域的合作。中国的南海周边陆地和海域的有效治理，获得了联合国项目官员的高度评价。中国与一些东南亚国家所共享的这片南中国海，是大家共同生存与发展的美好的海上家园，也是其他海上航运使用国的重要通道，大家都有责任和义务保护好这里的海洋环境，为

[1]《中国与越南加强危险气象预报合作》，2010 年 10 月 17 日（www.dpdmc.com/shownews.asp?news_id=2074）。
[2]《我国最大国际海上救援行动成功救助 330 名越南渔民》，《人民日报》，2006 年 5 月 22 日第 5 版。
[3]《我国正式启动南中国海多边国际合作海洋环保项目》（http://finance.sina.com.cn/b/20020529/214038.html）。

可持续的发展的海洋经济做出共同努力。

从 2008 年以来，尽管南海问题风不平，浪不静，各方争议有进一步复杂化、尖锐化的趋势，但中国从维护稳定、促进合作的大局出发，加强与东盟有关国家的外交互动，主张通过当事国之间的友好协商，以和平方式解决南海争议。中方反复强调南海问题太复杂，难以在短期内得到妥善解决，主张"搁置争议、共同开发"，致力在和平协商和互利合作中增进与东盟国家之间的互信。2011 年 7 月 20 日，在印度尼西亚巴厘岛举行的落实《南海各方行为宣言》(简称《宣言》) 高官会上，中国同东盟国家就落实《宣言》达成一致，并由 7 月 21 日举行的中国—东盟外长会通过，这为推动落实《宣言》进程、推进南海务实合作铺平了道路。

落实《南海各方行为宣言》指导方针具体内容如下：

重申《南海各方行为宣言》是中国同东盟成员国签署的具有里程碑意义的文件，显示了他们共同促进和平稳定和互信以及确保和平解决南海争议的承诺；

认识到全面、有效落实《宣言》将有助于深化中国—东盟面向和平与繁荣的战略伙伴关系；

本指针旨在指导落实《宣言》框架下可能开展的共同合作活动、措施和项目。

一、落实《宣言》应根据《宣言》条款，以循序渐进的方式进行。

二、《宣言》各方将根据《宣言》的精神，继续推动对话和磋商。

三、落实《宣言》框架下的活动或项目应明确确定。

四、参与活动或项目应建立在自愿的基础上。

五、《宣言》范围内最初开展的活动应是建立信任措施。

六、应在有关各方共识的基础上决定实施《宣言》的具体措施或活动，并迈向最终制订"南海行为准则"。

七、在落实《宣言》框架下达成共识的合作项目时，如有需要，将请专家和名人为有关项目提供协助。

八、每年向中国—东盟外长会报告《宣言》范围内达成共识的合作活动或项目的实施进展情况。

《指导方针》的签署有利于维护南海地区和平稳定，对于解决相关国家间关于领土主权争议及南海部分划界争议具有重要意义。这都表明中国希望南海稳定的主张是真诚的；中国处理南海争议的行为是克制的；中方开展南海合作的行动是务实的；中国推动南海问题和平解决的努力是有成效的。中国是南海合作的积极推动者。[1]

中国与南中国海周边国家的深入合作，使得冷战结束后它们之间从来没有在南中国海发生任何的对抗与冲突，从而创造了一个安宁而稳定的海上平台，保证了南中国海的海上航行自由。这不仅是周边国家分享了因和平而带来的经济紧密合作的利益，也是使用南中国海的日本、韩国、俄罗斯等东北亚国家能够正常地进行海上贸易活动，甚至北美、欧洲、南太平洋的国家也有效地利用这片海域顺利开展与东亚国家间的经济贸易往来。可以说，中国与东盟国家以南中国海为平台，在互利共赢的基础上，建构的一系列双边和多边合作的安排，积极促进了东亚区域合作的进程。在这些有利于东亚国家、乃至整个亚太国家的区域合作安排建设的过程中，南中国海起着地缘核心的作用。

---

[1]《中国，南海合作的积极推动者》，《人民日报》2011 年 8 月 2 日。

第六章　南海争端的几个关键问题

　　南中国海作为中国南部海疆，在中国整个周边安全中具有举足轻重的地位。经过长期的历史演变，在目前特殊的国际环境下，南海问题愈加变得盘根错节十分复杂，已经成为影响甚至关乎地区安全乃至全球安全的重要议题之一。本章将着重介绍当前南海问题中争议最大、讨论最多、影响最为深远的三个问题，以便我们在南海问题的发展变化之中正本清源、辨明是非、坚定立场、争取主动，更加客观、全面、准确、科学地了解和把握南海问题的未来发展走向。

第一节　北部湾问题

北部湾，又称东京湾，是位于中越两国陆地和中国海南岛所环抱的一个半封闭海湾，面积约 12.8 万平方千米。中越两国在北部湾既相邻又相向。历史上，中越两国除按各自宣布的领海宽度进行管辖之外，北部湾从来没有被划分过。

事实上，中越两国之间的边界划线是由 1887 年至 1897 年清政府和法国殖民政府签订的一系列边界条约确定下来的。双方在 1887 年 6 月 26 日签订的《中法续议界务专条》第三条中明确规定："广东界务，现经两国勘界大臣勘定边界之外，芒街以东及东北一带，所有商论未定之处均归中国管辖。至于海中各岛，照两国勘界大臣所画红线，向南接画，此线正过茶古社东边山头，即以该线为界（查古社汉名万注，在芒街以南竹山西南），该线以东，海中各岛归中国，该线以西，海中九头山（越名格多）及各小岛归越南。"

在 1890 年 4 月 14 日签订的《广东越南第一图界约》中，双方重申了这一条款："从北向南所画之线，正过茶古社东山山头，即照北南线，东各州归中国，西各州及九头山归越南。"

正是《中法续议界务专条》附图中在巴黎以东经度 105 度 43 分（即格林威治东经 108 度 3 分 18 秒）位置上所绘的红线在中越两国之间引起了争议。越南坚持认为这条界线不仅划分了两国之间的陆地边界、沿岸岛屿归属，还是两国在北部湾海域的分界线。中国认为这条界线不是双方的海域分界线，理由有二：一、签订《中法续议界务专条》时，法国正是最坚决主张"航行自由权"的国家，不可能将北部湾这一大片海域视为两国的内水而分割，因此，这条界线只是用来确定沿岸岛屿归属的；二、1964年越南宣布其领海宽度为 12 海里，公开发表了一幅包括北部湾海岸在内的海疆图，如果当时越南已经把东经 108 度 3 分 18 秒一线以西的北部湾海域视为本国内海的话，为什么要发表这幅地图呢？

北部湾油气储量十分丰富。如果按照越南的主张划分海域的话，将有2/3的海域和大部分油气丰富的大陆架就划归越南。这是我们中国所坚决不能接受的。20世纪60年代以前，中越双方只按各自宣布的领海宽度管辖，湾内的资源共用共享，一直相安无事。例如，两国有关部门分别在1957年、1961年和1963年相继三次签订了有关的渔业协议，对各自近海（6~12海里）的捕鱼问题做出安排。这就是说6~12海里以外是公海，双方渔民可以自由进入进行捕捞。

20世纪70年代初以来，随着现代海洋法制度的建立和发展，中越两国划分北部湾领海、专属经济区和大陆架的问题日益呈现出来。按照以1982年开放签字、1994年生效的《联合国海洋法公约》为核心的现代海洋法制度，沿海国可拥有宽度为12海里的领海、200海里的专属经济区和最多不超过350海里的大陆架。沿海国对领海享有主权，但其他国家的船只可以无害通过。至于专属经济区和大陆架，沿海国不拥有主权，但享有对其自然资源的勘探、开发、养护和管理的排他性的主权权利。这意味着一国不得随意进入他国的专属经济区进行渔业捕捞，除非征得该国的同意。北部湾是一个较狭窄的海湾，宽度约在110~180海里之间。中越两国都是《联合国海洋法公约》的缔约国。根据《公约》的规定，两国在北部湾海域的专属经济区和大陆架全部重叠，必须通过划界加以解决。

海上划界涉及国家利益，关乎民族感情，涉及一国的主权、主权权益和管辖权，是十分重要而又十分复杂的问题。中越北部湾划界谈判经过几代人的努力，前后历时27年，分为三个阶段。最早的谈判是从1974年开始，是由越南首先提出来的。1973年12月，当时的越南政府想将北部湾地区的第一批勘探区域权利批准给意大利石油公司，故建议中国举行北部湾的划界谈判。1974年1月18日，中方答复同意谈判，越南当时应中国政府要求暂停了和第三国石油公司进行的勘探谈判。1974年8月15日，中越双方在北京举行第一轮谈判。第二次是1977—1978年，第三次是1992—

2000 年。前两次谈判由于双方立场相差甚远，无果而终。1991 年两国关系正常化以后，双方都认为有必要尽早解决包括北部湾在内的边界领土问题，成立了包括外交、国防、渔业、测绘、地方政府等部门组成的政府边界谈判代表团，启动北部湾第三次划界谈判。

中越北部湾划界协定谈判主要有三个方面的问题：

第一，划界线与总体面积比例问题。这里面最核心的分歧是越方在早期谈判中要求以格林威治东经 108 度 03 分 13 秒线为界。他们认为在 1887 年 6 月 26 日中法界约已经解决了全部陆地边界和北部湾的边界问题，北部湾的边界线即界约第二条载明的格林威治东经 108 度 03 分 13 秒线。

但是中方在谈判中表明："1887 年中法界约只涉及到陆地边界问题，108 度 03 分 13 秒线只是岛屿归属线，因此在北部湾从未有过两国的边界线，对于湾内的边界线双方应该协商划定。之后双方同意充分考虑北部湾有关情况并参照国际实践，通过谈判划分北部湾，以取得公平的划界结果。

根据划界协定，中越北部湾的领海、专属经济区和大陆架的分界线共由 21 个坐标点相续连接而成，北自中越界河北仑河的入海口，南至北部湾的南口，全长约 500 千米。双方所得海域面积大体相当，实现了双方均满意的公平划界结果。

第二，渔业问题。北部湾划界直接关系到渔业资源的分配利用和中国沿湾几十万渔民的切身利益。在这种情况下，中方在谈判伊始就明确向越方提出，北部湾划界的同时必须妥善解决渔业安排问题，划界协定必须与渔业合作协定同时签署、同时生效。

经过努力，双方同意划界谈判和渔业谈判同时进行，并于 2000 年 12 月 25 日签署北部湾划界协定的同时签订了中越北部湾渔业合作协定。之后，经过近 3 年的谈判，今年 4 月 29 日中越双方在北京签署了渔业合作协定的补充议定书。双方最终妥善解决了北部湾的渔业安排事宜。

划界协定只原则规定双方应就北部湾的渔业资源的养护、管理和利用等事宜进行合作。具休的合作形式则体现在渔业协定的规定中。根据渔业协定，双方划定了面积较大（3万多平方千米）的两国渔船都可进入的跨界共同渔区，时限为15年；另在共同渔区以北，又划出为期4年的跨界过渡性安排水域，允许两国渔船进入作业。同时，协定还明文规定，双方本着互利精神，在共同渔区内进行长期渔业合作。双方同意设立北部湾渔业联合委员会具体落实有关合作事宜。做出上述安排的考虑是尽可能少地影响我渔民在北部湾的传统捕鱼方式；同时，也在我国逐步按新海洋法制度进行渔业管理的大背景下，为我国渔业产业的调整、渔民的转产转业争取较宽裕的时间。

应该明确的是，这种安排是向新海洋法制度的一种逐步过渡，是在北部湾渔业资源可持续利用的压力日益增大的背景下做出的。据专家估计，北部湾渔业资源可持续利用量约为60万吨/年，但近年来，双方渔民在北部湾的捕获能力已达到100万吨，远远超出了湾内渔资源的承受能力。长此下去，将导致渔业资源的萎缩甚至枯竭，后果十分严重。中越做出的渔业安排，建立了双方在北部湾合作管理渔业资源的机制，有助于理顺双方的渔业关系，有助于建立两国渔民在北部湾良好的作业秩序，最终有利于湾内渔业资源的可持续利用和湾内生态环境的保护，符合我国长远的渔业利益，有利于我们的子孙后代。

第三，油气问题。双方同意尊重划归对方的领海、专属经济区和大陆架的有关权利。因此，双方均有权在各自的大陆架上自行勘探开采油气或矿产资源。但对于尚未探明的跨界单一油气地质构造或跨界矿藏，参照各国的划界条约和实践，双方约定应就此进行友好协商，达成合作开采的协议。1992年12月李鹏总理访问越南，同越南领导人举行会谈，双方就解决两国边界领土问题深入交换意见并达成共识，同意在继续举行专家级谈判的同时尽早开始政府级谈判；根据公认的国际法准则，就解决边界领土争议问题的基本原则达成一致，并根据这些原则加速谈判进程，早日解决包括海上和陆地领土争议问题；在谈判解决前，双方均不采取使边界领土争端复杂化的行动。至此，中越两国高层就适时建立和启动两国政府级边界谈判机制达成了共识。

实际上，在李鹏总理访问越南之前，1992年10月，中越两国专家已经就边界问题在北京进行了首轮接触。中越两国领导人达成共识后，1993年2月，双方又在河内举行了新一轮边界专家小组会谈。双方讨论了两国陆地边界和北部湾海洋划界问题，也谈到了维护边境地区和北部湾地区的稳定等问题。通过接触，中越双方对彼此立场有了一定的了解。之后唐家璇被任命为中国政府谈判代表团团长。

自1992年到2000年历时9年，双方共举行了7轮政府级谈判、3次政府代表团团长会晤、18轮联合工作组会谈及多轮的专家组会谈，平均每年举行5轮各种谈判或会谈。

谈判中，双方就划界原则达成一致，即：根据国际法和国际实践，包括1982年《联合国海洋法公约》的原则和规定，考虑到北部湾的实际情况，公平合理地划分北部湾。双方确认在和平共处五项原则基础上，通过协商解决两国包括海上和陆地边界领土问题，双方将从实际出发，"目前集中解决陆地边界和北部湾问题。与此同时，继续就海上的问题进行谈判，以便取得一项基本和长久的解决办法。"

关于陆地边界问题，《基本原则协议》规定，"双方同意以中法1887年6月26日签订的《续议界务专条》和1895年6月20日签订的《续议界务专条附章》及其所确认或根据其规定制定的各项划界和立碑文件、附图以及按规定所立的界碑为依据，核定中越两国边界线的全部走向"，解决争议地区问题，最终签订边界条约。

1999年12月30日，中国外交部部长唐家璇与越南副总理兼外长阮孟琴在河内签署了"中国和越南陆地边界条约"。至此，中越两国陆地边界存在的问题全部解决。2000年2月份进行的第七轮谈判中双方基本解决了北部湾划界问题的分歧。

2000年12月11日，中国民航代表团和越南民航代表团日前在加拿大蒙特利尔国际民航组织总部就南中国海地区航路结构和空域管理达成协议，从而使长达25年悬而未决的问题得以圆满解决。为此，国际民航组织理事会主席科泰特发表郑重声明，予以确认和祝贺。[1] 中国民航总局有关人士认为，此次中越双方达成的协议，进一步发扬了国际民用航空得以安全和有序的发展所基于的合作精神，将不仅惠及航空旅客和航空公司，而且对加速亚太地区航空运输的发展起重要的推动作用。同时，这一协议为稍后的中越北部湾协定的签订创造了良好的气氛。

2000年12月24日中越政府边界谈判代表团中方团长、外交部部长助理王毅和中越政府级边界谈判代表团越方团长、越南外交部部长助理黎功奉在北京草签了《中华人民共和国和越南社会主义共和国关于两国在北部湾领海、专属经济区和大陆架的划界协定》及《中华人民共和国政府和越南社会主义共和国政府北部湾渔业合作协定》。第二天，即12月25日，越南国家主席陈德良访华时，正式签署了上述两个协定。

在北部湾划界上，中越双方体现了互让互利的精神。越南《人民报》2004年7月1日刊登了越南外长阮颐年就北部湾划界的答记者问。他特地对越南国内解释，"北部湾分界东距越南白龙尾岛15海里"，即白龙尾岛享有12海里的领海，但只享有3海里的专属经济区和大陆架。另外，越南的"昏果岛由于离越南海岸较近（约13海里），因此，在划分北部湾专属经济区和大陆架时只享有50%的效力。这是根据法律和北部湾具体条件的基础上取得的公平的结果"。[2]

北部湾划界协定确定了中越在北部湾的领海、专属经济区和大陆架的分界线，是我国第一条海上边界线，意义重大。

第一，北部湾划界协定确定了中越在北部湾的领海、专属经济区和大陆架的分界线，是中越双方适应新的海洋法秩序，公平解决海洋划界的成功实践。根据中方提出的两国在北部湾总体政治地理关系大体平衡的基本观点，取得了划归双方海域面积大体相当的公平结果，同时也通过缔结渔

[1] 新华网，2000年12月11日（http://www.sina.com.cn）。
[2]《北部湾划界不涉及岛屿主权 白龙尾岛划归越南》，《国际先驱导报》，2004年8月5日。

业合作协定实现了划界后北部湾渔业资源的合理分配和养护。

第二，北部湾划界协定是个双赢的安排，对中越关系长期稳定发展具有重要意义。北部湾划界协定和渔业合作协定符合两国和两国人民的共同利益，显示了双方完全有能力、有智慧，通过友好协商解决好两国关系中长期存在的历史遗留问题，对于两国构筑"长期稳定、面向未来、睦邻友好、全面合作"关系将起到极大的推动作用，并将增进两国政治上的相互信任和其他领域的密切合作。

第三，北部湾划界协定的签署，充分显示了中国愿意通过和平方式解决领土边界纠纷的立场，展现了中方秉持公认的国际法处理国际事务的诚意，树立了其负责任大国的形象，是一次成功的外交实践。这有助于增进中国与周边国家的相互信任，并对维护地区安全和稳定发挥积极作用。

第四，北部湾划界是中国海上边界划分的首次实践，为中国今后与其他邻国划分海上边界线积累了经验，并为我国国内探讨建立一套更为行之有效的海洋管理体制提供了契机。

在中越北部湾划界之后，中国与东盟国家之间的泛北部湾合作逐步展开，并取得了一系列成果。泛北部湾经济合作是南海周边国家经济合作的重要步骤。拟议中的泛北部湾合作计划将包括东南亚几个邻国，越南、马来西亚、新加坡、印度尼西亚、文莱和菲律宾等。由于大部分国家都是南海问题的当事国，从地缘政治经济角度看，该计划的实现将把南海变为区域经济合作区的"内湖"，在相当大的程度上改变地区的政治安全形势。这一计划的合作项目中，包括合作勘探、开发南海海域的油气和矿产资源、海上交通、旅游合作，以及海洋环保合作等，直接涉及到南海主权和领土纷争。

泛北部湾经济合作由广西提出来之后，取得了一系列进展。最初广西设想的泛北部湾区域经济合作，包括中国的广西、广东、海南省和越南。从 2006 年中开始，广西开始推进泛北部湾经济合作区，囊括中国的西南和东南地区、越南、马来西亚、新加坡、印度尼西亚、菲律宾和文莱等。在泛北部湾经济合作区的基础上，广西提议中国和东盟应该建立"一轴两翼"的区域经济合作格局，即湄公河次区域、南宁—新加坡经济走廊（陆上经济合作）和泛北部湾经济合作区（海上经济合作）。

泛北部湾经济合作得到了包括新加坡、马来西亚、菲律宾和越南在内的东盟国家的原则上赞成。正如有学者指出"泛北部湾经济区的出现会有助于中国—东盟对话以及海洋事务的合作，并可以作为南海各方交流与合作的平台"[1]。可以说，泛北部湾经济合作加强了中国与东盟国家之间的联系，增强了双方在安全问题上的互信，有助于缓解南海问题的紧张局势。北部湾问题的成功解决为中国同其他声索国之间通过谈判和平解决南海问题提供了一个很好的范例。南海问题的复杂化、国际化、扩大化不符合相关各国的利益，不利于南海问题的和平解决。只有当事各国之间坚持直接谈判，友好协商，才能真正使南中国海成为一个和平稳定之海、沟通交流之海、促进共同发展之海。

第二节　西沙群岛和黄岩岛问题

一、西沙问题

西沙群岛古称"千里长沙"或"九乳螺洲"，自古以来就是中国的领土。出于对其两大主要群岛宣德群岛和永乐群岛的构成情况的认识，我国渔民习惯地把西沙群岛称为"东七西八十五岛"。其中，最值得一提的是永兴岛。

1946 年，我国政府派遣军舰"永兴号"收复西沙群岛之后，遂以该舰命名。永兴岛地处西沙群岛中央，不仅地理位置优越，面积较大，而且风平浪静，易于建设码头和停泊船只，一直以来都是我国渔民生产生活的重要基地。目前，永兴岛是海南省西沙、中沙、南沙群岛的行政中心，成

---

[1] 陈善哲：《泛北部湾　中国—东盟"M"型战略新构想》，《21 世纪经济报道》，2006 年 7 月 28 日。

为今年刚成立的三沙市的"首府"。

西沙问题由来已久。越南是我国在西沙问题上的主要争议方，声称对整个西沙群岛拥有"主权"。近代历史上，法日等国就不断侵扰我国西沙主权。法国对西沙群岛的占领，成为以后中越西沙之争的主要诱因。"二战"结束之后，1950年10月15日法国曾将其在"二战"后占领的西沙群岛部分岛屿的控制权转交给当时的南越政府，1956年法国军队撤出之后直到1974年，南越先后占领了西沙群岛中的珊瑚、甘泉和金银等岛屿。

1974年1月11日，我国外交部发表声明谴责这一侵略行径，重申我国对南海诸岛的领土主权。12日，南越当局再次声明对我国西沙群岛和南沙群岛拥有"主权"。此后，不顾我国政府的强烈抗议，派出军舰侵占西沙一些岛屿，并打死、打伤我渔民和民兵多人，同时攻击我国正常巡逻的舰只。15日，西贡海军发动军事进攻，炮击竖有我国国旗的西沙群岛甘泉岛，不仅无理骚扰我方渔轮，而且还要求我国渔轮离开这一海域。17日，西贡海军侵扰我国金银岛和甘泉岛，并公然强行撕下我国国旗。18日，两艘西贡军舰在西沙群岛羚羊礁北撞毁我方407号渔轮。

1月19日上午，南越军队竟然袭击正在西沙群岛中的琛航岛作业的中国渔民，打死打伤多人。之后，南越海军的巡洋舰李常杰号和陈平号、驱逐舰陈庆余号和护卫舰日早号等舰艇，向中国海军吨位较小的两艘护卫舰和两艘猎潜艇开炮。中国海军进行了应有的正义还击，击沉敌护卫舰一艘，击伤三艘。取得了辉煌的战绩。1月20日，人民海军舰队奉命开赴西沙群岛，将侵略者赶出西沙群岛，取得自卫反击战的胜利。此战击伤南越驱逐舰3艘，击沉护卫舰1艘，毙伤南越官兵100余人，俘敌48人。中国人民解放军顺利收复了被南越占据多年的永乐群岛。此后，五星红旗就一直在祖国美丽的西沙群岛上空飘扬。

西沙保卫战以中国海军的胜利而告终，这充分显示了我国维护国家领土和主权的信心和决心，也庄严的向世界表明，任何不惜诉诸武力侵犯中国南海主权的国家，必定相应付出惨痛的代价。

1975 年越南南北统一以后，一改过去所坚持的承认中国领土的立场，对西沙群岛提出了领土要求，强指西沙群岛为越南历史上所提到的所谓"黄沙群岛"（其实那只是越南东部沿海附近的岛屿），并曾于 70 年代末派武装船队到西沙附近进行挑衅。然而，中国对西沙群岛的主权是不可撼动的。因为中国有充分的历史材料和考古文物以资证明，中国一直就没有间断对西沙群岛的管辖和开发，而且自 70 年代中期以来中国对整个西沙群岛实行了有效的控制。

二、黄岩岛问题

黄岩岛是中沙群岛中唯一一座露出水面的岛屿，曾用名民主礁，国际上通称斯卡伯勒礁（Scarborough Shoal）。这是为了纪念 1748 年在此触礁沉没的英国军舰"斯卡伯勒"号。

黄岩岛位于北纬 15 度 07 分、东经 117 度 51 分的南海海域，是中国中沙群岛的一部分。黄岩岛为一环形礁盘，礁盘周缘长 55 千米，其内部形成一个面积约为 130 平方千米、水深为 10 ~ 20 米的潟湖。北距广州 600 海里，东距菲律宾苏比克湾约 126 海里。湖东南端有一个宽 400 米的通道与外海相连，中型渔船和小型舰艇可由此进入，从事渔业活动或者避风。黄岩岛所处的地理位置，对于我国神圣领土的完整性，对于开发南海的经济，其重要性不言而喻。如果西沙是扼守南中国海的闸门的话，那么中沙和黄岩岛就是这个闸门的不可或缺的重要组成部分。黄岩岛的战略位置同样对菲律宾至关重要，它离菲律宾首都马尼拉仅 300 多千米，是菲海军的一个武器试验场。

黄岩岛是中国固有领土。过去长期由海南省西南中沙群岛办事处实施行政管辖，2012 年我国正式设立三沙市后，归三沙市管辖。中国最早发现、命名黄岩岛，并将其列入中国版图，实施主权管辖。据史料记载，1279 年元世祖忽必烈派天文学家郭守敬进行"四海测验"，据考证，郭守敬在南海的测量点就是黄岩岛。黄岩岛海域还是中国海南渔民的传统渔场，这一带的渔民经常驾渔船进入潟湖及周围海域进行渔业活动。1935 年 1 月，中国政府由内政部、外交部、海军部和教育部等官方机构派员组成的水陆地区审查委员会公布的南海诸岛 132 个岛礁沙滩中，黄岩岛以斯卡巴罗礁之名，作为中沙群岛的一部分列入了中国版图。1947 年 10 月，中国政府核定和公布的南海诸岛新旧名称对照表中，将斯卡巴洛礁改为民主礁，列在中沙群岛范围内。1983 年中国地名委员会授权对外公布"我国南海诸岛部分地名"时，将黄岩岛作为标准名称，同时以民主礁为副名。中国历代政府出版的官方地图均将黄岩岛标为中国领土。黄岩岛一直不间断地在中国广东省、海南省的管辖下。中国政府关于南海诸岛主权公告和声明中均指出黄岩岛领土主权属于中国。所有这一切，均远早于 1994 年《联合国海洋公约》开始生效的时间。除此之外，中国一直对黄岩岛进行着相关的开发和利用工作。如前所述，黄岩岛海域是中国渔民的传统捕鱼场所。从古至今中国渔船就经常赴黄岩岛海域进行渔业生产活动。中国国家统计局、国家地震局、国家海洋局等部门多次对黄岩岛及附近水域进行过科学考察。

但自从 20 世纪 90 年代以来，菲律宾开始对黄岩岛提出领土要求。2001 年 2 月初，菲律宾海军在南海登上中国渔船，没收渔民捕获物并强令渔船离开。2 月 6 日我外交部发言人孙玉玺表示，中国要求菲律宾切实尊重中国的领土主权，恪守双方达成的共识，以维护南海地区稳定和中菲友好大局。中方已就菲方的上述非法行为向菲方提出严正交涉，并强调，黄岩岛是中国的固有领土，这一事实得到国际社会的普遍尊重。[1]

2001 年 3 月，菲律宾副总统兼外长金戈纳召见中国驻菲大使，就在黄岩岛海域发现中国渔船"表示深切关注"，并称"黄岩岛是菲律宾领土的一部分，菲律宾已对该海域行使主权和管辖权"。同时，菲律宾新任海军司令欣科少将派"基顺"号军舰前往黄岩岛海域，强行登上 10 艘中国

---

[1] 新华网，2001 年 02 月 06 日（http://www.sina.com.cn）。

渔船进行搜查，并没收了船上的渔具和各种捕获物，然后驱赶渔船离开。欣科还说："过去，菲律宾海军对在黄岩岛海域捕鱼的中国渔民保持了最大限度的容忍。今后，海军将严格执行菲律宾海洋法及国际公约，以保护海洋环境。"3月17日和19日，中国外交部发言人朱邦造在回答记者提问时，两次就黄岩岛问题表明了中方立场。朱邦造驳斥了菲方对黄岩岛提出的领土要求，并表示，黄岩岛是中国的固有领土，黄岩岛海域是中国渔民的传统渔场，对此，中国有充分的历史和法理依据。中国对黄岩岛拥有主权并实施管辖的事实得到了国际社会的普遍尊重。朱邦造还表示，中国渔民在黄岩岛海域作业是正当的，也是正常的，菲方无权对黄岩岛附近海域的中国渔船登临检查和采取措施，中方已就此向菲方提出交涉。

菲律宾所谓的黄岩岛是其领土，这是完全没有根据的。菲律宾领土的组成和范围是由一系列国际条约确定的，其中无一涉及黄岩岛，无一将黄岩岛纳入菲领土范围。1898年《美西巴黎条约》、1990年《美西华盛顿条约》和1930年《英美条约》等都明确规定了菲领土界限西限以东经118度为界，黄岩岛在此范围之外。1935年菲宪法、1947年美菲一般关系条约、1952年菲美军事同盟条约、1961年6月17日菲关于领海基线第3046号法令和1968年菲关于领海基线的修正令等都先后重申了三个条约的法律效力，再次明文确定了菲领土范围，菲的领海基点和基线均未包括黄岩岛。1981年、1984年菲出版的地图也都将黄岩岛标绘在菲领土界限之外。上述一系列事实充分证明，黄岩岛一直处于菲领土范围之外，根本不存在黄岩岛是菲领土的问题。[1]

其实，菲在1997年以前从未对中国政府对黄岩岛行使主权管辖和开发利用提出过任何异议，并且还多次做过黄岩岛在菲领土范围之外的表示。1990年菲律宾驻德国大使比安弗吉尼在给德国无线电爱好者的信函里面明确表示"据菲国家地图和资源信息部，黄岩岛不在菲领土主权范围以内"。不仅如此，在1994年10月18日菲国家地图和信息资源信息部及1994年

[1] 参见中国驻菲律宾大使馆网站（http://www.fmprc.gov.cn/ce/ceph/chn/）。

11 月 18 日菲业余无线电协会向美国业余无线电协会出具的文件中，均确认"菲领土边界和主权是由 1989 年 12 月 10 日巴黎条约第三款所规定，黄岩岛位于菲领土边界之外"。菲律宾从 1997 年才开始提出黄岩岛是它的领土的问题。但是，即使在这以后菲律宾国家出版的所有官方地图上面都没有把黄岩岛列入它的领土范围，包括到了 2006 年的地图也还是如此。

20 世纪 80 年代初，菲律宾将黄岩岛划在其 200 海里"专属经济区"内，但当时黄岩岛是驻菲美军实际控制的靶场，菲律宾并未提出主权要求。1992 年美国从菲律宾撤军后，菲对黄岩岛的主权欲望越来越大。从 1993 年起，菲律宾对该岛进行勘测、考察和巡逻。1997 年，一艘载着中、美、日三国无线电爱好者的中国船只抵该岛考察，菲律宾竟在外交场合称中国"企图占领黄岩岛"，还制定了作战原则以维护其"主权"。1998 年，菲律宾成立了包括舰艇部队、航空分遣队和情报部队的专门机构。1999 年，菲军舰多次驱赶、撞沉中国渔船。2000 年，菲海军竟还开枪射杀了一名中国渔船船长。菲海军多次骚扰在黄岩岛海域传统渔场作业的中国渔民，跟踪威胁，登船检查，查没物品，甚至对我国渔民实施搜捕，这些理所当然的引起了中国渔民的强烈愤慨。2009 年 3 月 10 日菲律宾总统阿罗约不顾中国的反对，正式签署《领海基线法》，将中国的南沙部分岛礁和黄岩岛划入菲领土。

从 2012 年 4 月开始，由于菲律宾单方面的挑衅，中菲在黄岩岛展开了激烈的对峙。10 日，菲律宾动用它的军舰进入黄岩岛海域堵住黄岩岛的潟湖口，派荷枪实弹的士兵强行登临在潟湖内正常作业的中国渔船，同时强迫中国渔民脱掉上衣在海上曝晒两个多小时。我国迅速派出政府公务船到达现场，保护我国受到骚扰的渔民的生命和财产的安全。14 日，中国渔船全部撤离,护送中国渔船离开的中国海监船重返黄岩岛水域。15 日，中国渔政 44061 赴南沙护渔，实行 24 小时守礁值班。17 日，菲律宾外交部长德尔·罗萨里奥宣称，菲政府将寻求通过"国际仲裁"的方式，解决中菲在黄岩岛的对峙一事。20 日，中国最先进的渔政 310 船到达黄岩岛海域，两天后同海监 84 船离开黄岩岛海域。作为缓解事态的表示，中方主动撤回了两艘船只，但菲方在派出同级别海警船进行换班外，还增派了一艘环境监测船。与此同时，菲律宾各地爆发了抗议示威活动。美国和菲律宾 30 日在华盛顿首次召开"2+2"会议，美国国务卿希拉里表示，美方重申巩固双边关系中有关目前中国跟菲律宾在南海对峙的事件，美方强调中立，不会偏帮任何一方，呼吁相关各方以外交途径解决。5 月 4 日，菲律宾正式将黄岩岛称为"帕纳塔格礁（PanatagShoal）"，并准备向至少一个国际机构提出诉讼。2012 年 5 月 7 日，时任外交部副部长的傅莹约见菲律宾驻华使馆临时代办蔡福炯，就当前黄岩岛事件向菲方提出严正交涉，提出"我们对形势难乐观""中国已做好对菲各种准备"。9 日，中国首座自主设计、建造的第六代深水半潜式钻井平台"海洋石油 981"在中国南海海域正式开钻。5 月 10 日，菲律宾方面恢复与中国驻菲律宾大使馆就黄岩岛事件进行的外交对话，黄岩岛问题逐渐走向缓和的方向。我们可以看到，此次黄岩岛对峙完全是菲律宾造成的。在整个事件过程中，菲律宾方面一直态度强硬，甚至一度关闭了外交对话渠道。

菲律宾声称对黄岩岛拥有主权，主要有三条理由，但是没有一条是站得住脚的。第一，"黄岩岛被菲律宾实际控制"。美军曾控制该岛，但这并未改变中国拥有黄岩岛主权的事实，因此，菲律宾从美军手中"继承主权"的说法在国际法上是站不住脚的。第二，"黄岩岛在菲律宾 200 海里'专属经济区'内"。菲律宾号称该理由符合《联合国海洋法公约》规定，但早在国际上出现"200 海里专属经济区"这个概念之前，黄岩岛就已经归属中国的了。陆地统治海洋是国际海洋法的基本原则《联合国海洋法公约》允许沿海国建立 200 海里专属经济区，但沿海国无权因此而损害其他国的固有领土主权。以《联合国海洋法公约》去改变领土主权归属的想法和做法，是完全违反国际法、包括《联合国海洋法公约》的宗旨和原则的。第三，"黄岩岛离菲律宾最近"。菲律宾以地图显示，黄岩岛与菲吕宋岛之间的距离最近，只有约 120 海里。这虽是事实，但是国际法从来没有规定过距离远近可以作为对其主权的依据的。

中国除了在政府层面多次阐明立场，坚决维护我国在黄岩岛的主权之外，也有一些民众自发宣示我国在黄岩岛主权。一些外国业余无线电爱好者开始向中国申请登岛，由于外国人不能在中国独立设置业余电台，因此需要中国无线电爱好者加入合作。经协商，由有关部门批准，1994年，中国无线电运动协会联合美国、日本等多国无线电爱好者组织了第一次"黄岩岛远征"。也是那一次，陈平第一次登上了黄岩岛。如今在"DXCC分区表"中，黄岩岛以"BS7H"表示。"B"表示中国电台，而"S"表示南海诸岛，"7"表示其行政归属海南省在我国第7区，"H"表示黄岩岛。2007年4月中国无线电爱好者第四次登上黄岩岛。[1] 这是用民间活动方式申张主权的典型案例。

第三节　南沙群岛问题

目前，南海诸岛中，除西沙群岛在我国全部控制之下，东沙群岛在我国台湾省的控制之下外，其余南沙群岛均被有关国家和地区分割占领，南海问题的复杂性在南沙群岛中表现得最为突出和明显。过去在"二战"之后的相当长时期内，并不存在所谓的南海问题。南海周边的任何国家都未对我国在南海诸岛及其附近海域行使主权问题提出过任何的异议，世界上绝大多数国家都对中国在南海诸岛的主权予以承认和尊重。如越南在1975年以前就明确承认中国对南沙群岛的领土主权，1974年的越南教科书中即表述为："南沙、西沙各岛到海南岛、台湾、澎湖列岛、舟山群岛形成的弧形岛环，构成了保卫中国大陆的一道长城。"菲律宾和马来西亚等国在20世纪70年代以前没有任何法律文件或国家领导人讲话提及本国领土范围包括南沙群岛。美国在1898年与西班牙签订的《巴黎条约》和1900年签订的《华盛顿条约》明确规定菲律宾的领土范围，其中均并未

---

[1]《中国无线电爱好者4登黄岩岛 与菲海军较量》，《国际先驱导报》，2009年3月9日。

包括南沙群岛。马来西亚直到 1978 年 12 月，才在其公布的大陆架地图上，将南沙群岛的部分岛礁和海域标在马来西亚境内。

但是，从 20 世纪 60 年代开始，能源资源因素和国际法因素便成为导致南海争端产生并日趋激烈的主要原因。"东亚和东南亚沿岸和近海地学计划委员会 (CCOP)"在南沙海域进行地质和地球物理勘探，发现了储量丰富的石油天然气资源。1968 年，联合国亚洲暨远东经济委员会下属的"亚洲外岛海域矿产资源联合探勘协调委员会"完成的报告中进一步揭示了南海海域石油储藏前景。此后，越、菲、马等国以军事手段占领南沙群岛部分岛礁，在南沙群岛附近海域进行大规模资源开发活动并提出主权要求，由此形成了第一波占领南沙岛礁的浪潮。

1982 年的《联合国海洋法公约》赋予沿岸国 200 海里专属经济区和大陆架的管辖权。南海周边国家据此纷纷提出各自的 200 海里专属经济区和大陆架主张，并公然把其主张范围扩大到南沙群岛及其附近海域，这样相关国家又围绕着南海问题展开了新一轮的角逐。

迄今为止，对南沙群岛全部或部分提出领土要求的有五国六方，即：越南、菲律宾、马来西亚、文莱、中国和中国台湾。其中越南、中国和中国台湾均对南沙群岛提出了全部主权要求，菲律宾、马来西亚和文莱提出了部分主权要求。除此之外，印度尼西亚对部分海域提出了主权要求。美国、日本和俄罗斯等大国处于自身战略利益的考量，也对南海局势表示出关注的态度。目前，相关国家控制南沙群岛岛屿的情况如下：

一、越南

从 20 世纪 30 年代起，法国人开始在西沙设立行政代理署，并派少数越南宪兵进驻西沙。与此同时，法国还宣布其占领的南沙九岛为法国领土，并通告相关国家。这理所当然的遭到了中国的抗议。此后，50 年代初，借国民党军队撤出西沙和南沙群岛之际，法国再次试图登陆两岛，欲实现其据南沙诸岛为己有的目的。

从 50 年代中期开始，南越政府在美国的支持下，开始加紧对中国南沙群岛的侵犯活动。1956 年，南越"外交部"于 6 月 1 日发表公报，声称对这两个岛屿享有主权；南越"外长"武文牡特别强调法国在这两个群岛的管辖权从未引起争议，越南独立后即承受其管辖权。之后，南越政府与台湾当局又进行了一系列斗争。

从 1960 年至 1967 年，南越政府多次派兵入侵南沙。而当时的越南民主人民共和国政府曾在 1958 年 9 月，正式照会中国政府，明确承认中国对西沙和南沙群岛的主权。1971 年 7 月 15 日，南越"外交部"发表声明，重申对西沙群岛和南沙群岛的主权。1973 年南越政府将南沙群岛合并为福绥县的一部分，并允许几家外国公司到此进行石油勘探。在 1974 年被驱逐出西沙群岛后，南越即占领了南沙群岛的 5 个岛礁。之后由北越军队接管。

1975 年越南南北实现统一之后，越南政府多次提出西沙和南沙群岛全部都是其领土。1975 年 4 月，越南军队接管了原南越在南沙群岛占领的南威岛、南子岛、景宏岛、鸿庥岛等 6 个岛屿，后又占领了染青沙洲、中礁、日积礁、奈罗礁、渚碧礁、长线礁等岛礁。

1977 年 5 月 12 日，河内发布了《越南社会主义共和国关于临海、毗邻区、专属经济区和大陆架的声明》，对南海海域提出了广泛的要求。声明特别提到，西沙和南沙群岛是越南领土，并应拥有其临海、毗邻区、专属经济区和大陆架。越南宣布其大陆架范围和 200 海里专属经济区，与中国传统海域面积重叠的达 117 万平方千米。

1977 年 6 月，越军出动大批军舰在西沙群岛附近进行海空联合演习。从 1975 年到 1976 年，越南非法占领 7 个岛礁。又于 1987 年 4 月侵占柏礁。1988 年 1～2 月占领 4 个礁；1988 年 4 月占领 3 个礁；1989 年 6～9 月，占领 3 个礁，1990 年以后占领 3 个岛礁。中越关系正常化最初的几年里，越南围绕着"万安北 -21 合同"事件，又继续在南沙占领了数个岛礁。在南海声索国中，越南对南沙群岛、西沙群岛都提出了主权要求，时至今日，越南共控制着南沙群岛中的 29 个岛屿、礁脉和沙洲。越南政府声称中国的南沙群岛是越南历史上所指的"长沙群岛"（其实那只是越南东南沿海的一些岛屿），据此以说明其占领南沙群岛的历史渊源。对此，中国学者曾进行过严格的考证，证明越南的黄沙、长沙绝不是我国的西沙和南沙群岛。[1]

二、菲律宾

菲律宾是亚洲最早提出将本国的海洋管辖权扩展至领海以外海域的国家之一。它早在 1947 年就对南沙的部分岛礁提出过主权要求。菲政府认为南沙东部的 60 个岛礁和沙洲不属于南沙范围，而是独立的"卡拉延群岛"，菲律宾对它们拥有主权。1956 年菲律宾海军学校校长克洛马组织探险队登上部分南沙岛礁进行考察。从 1971 年起，菲陆续出兵占领了南沙的一些岛屿，并给这些岛屿重新命名。1970 年 8 月 23 日，菲海军侵犯马欢岛，将其易名为"拉瓦克岛"（Lawak），并驻军把守；1971 年 4 月 14 日，菲军侵占南钥岛，易名科塔岛（Kota）；4 月 18 日，入侵中业岛，易名"帕加萨岛"（Pagasa）。1971 年，菲律宾不顾中国之抗议，于 7 月 30 日侵占西月岛和北子岛。1972 年 4 月，菲律宾政府正式将"卡拉延群岛"划为巴拉望省的一个独立的村级行政区。1978 年 6 月 11 日，菲律宾前总统马科斯签署了第 1596 号法令宣布该群岛及其海床、底土、大陆边缘和领空都属于菲律宾主权之内。1980 年，菲律宾又占领了司令礁。到 90 年代初期，菲律宾已经先后在南沙占领了 9 个岛礁，分别是：马欢岛、南钥岛、中业岛、西月岛、北子岛、费信岛、双黄沙洲、司令礁、仁爱礁，驻扎军队 1000 人左右，并在中业岛和北子礁上修建了飞机跑道，在南钥岛、司令礁和费信岛修建了陆军基地。目前，菲律宾在南沙群岛拥有最为强大的军事力量。

2011 年 6 月 13 日，正当菲律宾同我国在领海问题上的紧张关系日益

---

[1] 李金明：《中国南海疆域研究》，福建人民出版社 1999 年版，第 68—86 页。

加剧之时,菲总统阿基诺办公室 13 日称,菲律宾方面计划将南海更名为"西菲律宾海"。

菲律宾总统办公室发言人陈显达当天表示,菲律宾外交部和国防部近来开始使用"西菲律宾海"的说法来取代"南海"的说法,而且总统办公室已经决定效仿外交部和国防部的做法。他说:"采取他们(菲律宾外交部和国防部)的做法将南海更名为'西菲律宾海',是我们义不容辞的责任。"

这位发言人还指出,其他国家(在南海问题上)也采用了类似的做法。他说:"其他所有国家都在根据自己的立场对南海进行命名。越南就将这一海域称作'东海',因此我们把它叫作'西菲律宾海'是自然的事。"很显然,这是一种强词夺理的表现。

三、马来西亚

从 20 世纪 60 年代开始,马来西亚从资源开发入手,逐渐展开了对南沙群岛的占领。到 20 世纪 70 年代末期,马来西亚海军开始在南沙群岛南部活动。1979 年 12 月 21 日,马来西亚发布《领海和大陆架疆域图》,把南沙群岛东南部的 12 个岛礁:安波沙洲、安渡滩、柏礁、司令礁、光星礁、簸箕礁、榆亚暗沙、南通礁、卢康暗沙、南海礁、皇路礁、弹丸礁划入其声索范围。此后,马来西亚采取实际行动占领了南沙有关岛礁。1980 年 4 月,马来西亚宣布对从其领海基线算起的 200 海里专属经济区拥有主权和管辖权,按其宣布的范围,曾母盆地和南沙的 11 个岛礁将在其版图之内。1983 年 6 月,马来西亚参加了"五国联防组织"进行的"海星"联合军事演习,演习结束后,8 月 22 日,马海军陆战队借机占领了弹丸礁。1986 年 11 月,马来西亚出兵占领南沙南海礁和光星仔礁及其附属的 6 个小岛。1999 年 5 ~ 6 月马来西亚又占领了簸箕礁、榆亚暗沙,并在榆亚暗沙上修建了建筑物。时至今日,马来西亚一共占据了南沙群岛 5 个岛礁,并不断加强其在该地区的经济和军事存在。

2008 年 8 月 12 日，马来西亚副总理纳吉布带领 80 多名记者登上南沙群岛的燕子岛，并在巡视马国驻军后，向随行媒体发表言论说，马国在丧失白礁主权后，维护燕子岛的主权更显重要。12 月 14 日，中国外交部发言人秦刚就马来西亚官员视察弹丸礁一事表示：中方已透过外交渠道向马方表明立场，并敦促有关国家恪守"南海各方行为宣言"精神，不采取使争议复杂化和扩大化的行为。

四、文莱

1984 年 1 月 1 日文莱独立后，通过立法宣布实行 200 海里专属经济区制度，并发行了标明海域管辖范围的新地图。在 1988 年出版的一张地图中，文莱宣示其大陆架亦延伸到南沙群岛南部的南通礁（即路易莎礁），并分割南沙海域 3000 平方千米。虽然未在南沙群岛占据任何岛礁沙滩，但是文莱通过与外国公司合作，在南沙海域进行了一系列的石油勘探和开采，取得了可观的经济效益。

五、中国

中国作为南沙群岛主权的实际所有者，在南沙群岛占据的岛礁的数量却十分有限，但是我国维护南沙主权的立场是一贯且鲜明而坚定的，其相关行动也在不断增强。1986 年，中国海军开始在南沙海域进行考察和巡逻。1987 年 3 月，联合国教科文组织政府间海洋学委会第 14 次会议决定，由中国在南沙群岛建立第 74 号海洋观察站。1988 年 1 月 21 日，我海军 552 编队在大浪大涌中航行三天三夜，于 1 月 23 日到达南沙群岛。从 1988 年 3 月 14 日，中国海军通过与越南的短暂武装冲突，在南沙群岛西部从北到南陆续控制了渚碧礁、哥熏礁、东门礁、赤瓜礁、永暑礁，在南部控制了华阳礁。受联合国教科文组织的委托，中国在永暑礁上建立了国际海洋观测站。该岛礁长 26 千米，宽 7.5 千米，低潮时部分露出水面。包括美济礁在内，中国共计控制了 7 个岛礁。

美济礁是个非常神奇的大环礁，中间有潟湖 (30 多平方千米)，水深 20 多米，浪小且出口很宽 (40 多米)，可以通过大船 (高潮位时 4000~5000 吨没问题)，实乃茫茫大海之中避风歇脚的好去处。1995 年 2 月 8 日，一支由 8 艘船只组成的中国船队控制了南沙东部区域的美济礁，并在岛上修建了永久性的渔业避风设施。中国在美济礁上建有渔业避风设施。为响应中央提出的"开发南沙，渔业先行"的战略决策，我们不仅是在南沙进行捕捞生产，还要在那里搞网箱养殖。1999 年 3 期工程结束，建筑已经很壮观了。为此，从 1999 年开始，我们就在南沙美济礁进行了养殖试验，并获得成功，为生产性养殖打下了良好的基础，积累了宝贵经验。美济礁潟湖养殖项目已正式实施，不仅带来了明显的经济效益，还突出了我国在南沙群岛的存在，捍卫了我国南海主权。

此外，中国台湾当局继 1946 年在南沙最大的岛屿太平岛举行接收仪式后，自 1956 年以来一直派有军队驻守该岛。

可以说，南沙问题是南海岛屿争端的根源所在，也是近年来南海问题不断升温之后各方争论的焦点。中国对于南沙群岛拥有无可争辩的主权，这既有充足的历史依据也有完整的法理支撑。然而，随着区域外大国的介入，南沙争端开始呈现出常态化、复杂化、国际化的趋势。这值得引起我们的高度重视并予以积极应对。

第四节　南海断续线问题

南海断续线又称"U 形线"或"九段线"，是中国南海地图上标明的一条 U 形传统海疆线。南海断续线确认了中国对南海诸岛的领土主权及相关海域的权益，是一种历史权益的传承和体现。南海断续线的划定立足于"二战"后中国政府对南海主权的收复，它是以地图标记形式得到国际社会认可的主权及权利的宣示。

一、南海断续线的形成

南海断续线的形成有着较长的历史渊源。早在民国初年，为了应对列强对中国南海主权与海洋权益的侵犯，中国的地图出版界试图通过印制地图宣誓南海主权，而一些学者则在其编绘的地图中画出了南海海疆线。1914 年 12 月上海东亚图书馆胡晋绥编绘《中华民国地理图·中华领域损失图》，用一条连续线表示南海疆域，并在界线附近多处注明"中国领海界线"，这可能是迄今见到划线表示的南海诸岛最早地图。

1933 年国民政府内政府牵头成立了"水陆地图审查委员会"。1935 年 1 月，该委员会会刊第一期公布了审定的《中国南海各岛屿华英名对照表》，第一次将南海诸岛明确地分成四部分：东沙岛（即今东沙群岛）、西沙群岛、南沙群岛（即今中沙群岛）和团沙群岛（今南沙群岛）。4 月，在海军海道测量局完成了南海诸岛的实地测量后，委员会出版了《中国南海岛屿图》，确定了中国南海最南的疆域线至北纬 4 度，把曾母暗沙标在疆域线之内。《中国南海各岛屿图》的发行，成为以后中国地图界出版南海地图的重要依据。

这幅地图 1936 年被收入由白眉初主编的名为《中华建设新图》地图集中，另名为《海疆南展后之中国全图》，图中在南海疆域内标有东沙群岛、西沙群岛、南沙群岛和团沙群岛，其周围用国界线标明，以示南海诸岛及附近海域同属中国版图。这就是中国地图上最早出现的南海疆域线，也就是今日中国南海地图上 U 形断续线的雏形。

抗日战争胜利之后，当时的中国政府根据《开罗宣言》与《波茨坦公告》的规定，于 1945 年 10 月 25 日收复台湾，并正式收复西沙群岛和南沙群岛。之后中国政府内政部于 1947 年 12 月绘制了《南海诸岛位置图》，标绘了一条西起中越边界北仑河口，东至台湾岛东北共 11 段线构成的南海断续线，线内标注了东沙、西沙、中沙和南沙四个群岛的整体名称，还标注了大量岛、礁、滩、沙的个体名称。

1948 年 2 月，《南海诸岛位置图》作为《中华民国行政区域图》的附图由中国政府内政部正式发布，南海断续线随之公布。新中国成立初基本沿用了断续线的标绘，只在 1953 年以后，取消了北部湾的两条界线，成为现在 9 段断续国界线，后将调整确定的 9 段断续线于 1962 年在官方地图上公布并沿用至今。

中国政府正式公布南海断续线后的相当长时间内，没有国家就此向中方提出外交交涉、表示异议。而且，许多国家出版的地图，如 1952 年日本出版的《标准世界地图集》、1953 年前苏联出版的《苏联大百科全书》附图、1964 年法国出版的《拉鲁斯现代地图集》等均据此标绘了南海断续线。1964 年越南测绘局编制出版的《越南地图》、1966 年越南国家地理署出版的《越南地形与道路图》、1972 年越南国家测绘局出版的《世界地图册》等多个版本的地图都没有将南沙群岛列入本国版图，而是用汉语拼音标注南沙群岛。

二、南海断续线与现代海洋法

从 20 世纪 70 年代开始，随着南海争端逐渐成为地区热点，南海周边国家出于自身利益考虑，开始觊觎中国南海主权，越南、马来西亚、菲律宾、文莱等国陆续质疑中国断续线，并否认断续线的存在。一些国家对南沙群岛的标会出现了变化，有些国家在地图上采取了不做标注的中立立场。特别是 1982 年，《联合国海洋法公约》通过之后，有的国家指责南海断续线不符合海洋法，试图以现代海洋法质疑中国南海断续线的合理存在。对此，我们应有清醒的认识。

首先，从时间顺序上，南海断续线的诞生远远早于 1982 年通过、1994 年生效的《联合国海洋法公约》。南海断续线作为一个客观事实存在于世已近 100 年，官方公布的时间至今已达 63 年之久，比《联合国海洋法公约》生效时间早 46 年。中国公布断续线在前，1982 年《联合国海洋法公约》在后，要求之前早已存在的断续线符合后来产生的《联合国海洋法公约》显得很不合理。

其次，断续线是为了重申中国的领土主权以及相关海洋权益，并不是因为划这条线才拥有这个权益。《联合国海洋法公约》不规范和影响各国的领土主权问题，不能将《联合国海洋法公约》作为评判中国在南海主张合法性的唯一或主要依据。

再次，《联合国海洋法公约》本身并不排斥在它之前已经形成并被持续主张的权利，更不能为任何国家侵犯和损害中国的领土主权制造"合法性"。

中国在南海的主权、权利及相关主张是在长期的历史过程中形成和发展起来的，也一直为中国政府所坚持。中国也一贯致力于同有关当事国在尊重历史事实和国际法的基础上，通过直接谈判和友好协商，和平解决在南海存在的岛礁主权和海洋划界的争议。南中国海的"U 形九段线"标明了中国对南海诸岛的领土主权及相关海域的历史性权利，[1] 并不是因为划这条线才拥有这个权益，也就是说先拥有权益后有线，其存在既是合理的，也是合法的。

三、南海大陆架划界

南海大陆架（包括外大陆架）划界问题一直是南海周边各国争论的焦点。根据《联合国海洋法公约》缔约国大会第十一次会议通过决议，凡是在 1999 年 5 月 13 日之前批准《海洋法公约》并生效的国家，如果主张 200 海里以外的大陆架，必须在 2009 年 5 月 13 日前完成 200 海里以外大

---

[1] 见《中华人民共和国专属经济区和大陆架法》（第九届全国人民代表大会常务委员会第三次会议于1998年6月26日通过）第十四条。

陆架外部界限的划定和有关的法律程序工作。1996 年 5 月 15 日，中国第八届全国人民代表大会常务委员会第十九次会议批准了《联合国海洋法公约》，中国可以根据《联合国海洋法公约》的规定，向大陆架界限委员会提交中国外大陆架的划界案或初步信息，重申中国关于大陆架（包括外大陆架）的权利主张。

越南、马来西亚曾分别和共同向联合国提出了要求。在越南单独提交的"划界案"中，越南声称自己有 3260 千米长的海岸线并对中国的西沙和南沙群岛享有主权。文件中称，越南这次提交的外大陆架划界案是基于 2007、2008 两年的专门调查资料，以及对包括海洋的水深测量、电磁力、万有引力和地震数据等在内的资料。而且，越南还声称这一地区相关国家对有关本次提交的大陆架"没有争议"。马来西亚同样很重视这次提交，参与"划界案"的部门包括国家安全委员会、总理府、外交部、调查和测绘部、矿产和地理科学部等，马来西亚海军和马来西亚国家石油公司也都介入其中。越南还与马来西亚共同提出了一个"划界案"，双方承认在提交案中定义明确的地区存在争议问题，还表示这两个国家为确保其他有关沿海国家无异议而做出了努力，尽可能保证这一联合提交不损害有关国家划界事务。

近年来，越南、马来西亚等很多国家都试图利用《公约》将自己海洋权益最大化，但却侵害了其他国家的合法权益。越马提交的"划界案"侵害了中国在南海的主权、主权权利和管辖权，是非法的、无效的。

为了保障中国在南中国海相关海域和大陆架及外大陆架的合法权益，行使《联合国海洋法公约》赋予缔约国的权利，中国政府提交外大陆架划界案或初步信息。这是履行缔约国的国际义务，更是一个负责任大国的负责任行为。2009 年 5 月 11 日，中国常驻联合国代表团根据《联合国海洋法公约》的有关规定以及《联合国海洋法公约》缔约国会议的有关决定，向联合国秘书处提交了"中国关于确定 200 海里以外大陆架外部界限的初步信息"。这次提交的文件涉及中国东海部分海域 200 海里以外大陆架外部界限。中国对南海诸岛及其附近海域拥有无可争辩的主权、主权权利和管辖权。中方保留今后在其他海域提交200海里以外大陆架外部界限信息资料的权利。中国政府将继续根据一贯主张和立场维护海洋权益，同时坚持与海上邻国在国际法基础上，按照公平原则，通过和平谈判进行海洋划界。